www.ingramcontent.com/pod-product-compliance
Lightning Source LLC
LaVergne TN
LVHW010827051026
849532LV00007B/2634
* 9 7 8 9 3 6 9 0 8 8 6 5 2 *

کرشن چندر:

اردو کا منفرد افسانہ نگار

(مضامین)

مرتبہ:

سید حیدر آبادی

Krishan Chander - Urdu ka munfarid Afsana nigaar
by: Syed Hyderabadi
Edition: December '2024
Publisher :
Taemeer Publications LLC (Michigan, USA / Hyderabad, India)

ISBN 978-93-6908-865-2
9 789369 088652

کتاب	:	**کرشن چندر : اردو کا منفرد افسانہ نگار**
مرتب	:	**سید حیدرآبادی**
صنف	:	تحقیق و تنقید
ناشر	:	تعمیر پبلی کیشنز (حیدرآباد، انڈیا)
سالِ اشاعت	:	۲۰۲۴ء
صفحات	:	۱۱۰
سرورق ڈیزائن	:	تعمیر ویب ڈیزائن

فہرست

کرشن چندر: ایک منفرد افسانہ نگار

ڈاکٹر سیّد احمد قادری

کرشن چندر نے پاکستان کے وزیر آباد میں ۲۳/ نومبر ۱۹۱۴ء کو آنکھیں کھولیں اور زندگی کے بہت سارے نشیب و فراز دیکھتے ہوئے افسانوی ادب پر بلا مبالغہ تقریباً چار دہائیوں تک حکمرانی کی ہے۔ کرشن چندر کا شمار اپنے عہد کے بے حد مشہور افسانہ نگاروں میں ہوتا ہے۔ ترقی پسند تحریک سے وابستگی نے ان سے کئی اچھے بلکہ بے حد معیاری اور شاہکار افسانے لکھوائے، جن پر آج بھی ترقی پسند ادب فخر کر سکتا ہے۔ لیکن اشتراکیت کے شدّت اظہار سے ان کا فن مجروح ہوا ہے، اور ایسے افسانوں سے کرشن چندر کی شہرت کو گہن بھی لگا ہے۔

کرشن چندر کے بعض اہم افسانوں سے متاثر ہو کر قرۃ العین حیدر نے لکھا تھا:

"مجھے اب تک یاد ہے کہ "دو فرلانگ لمبی سڑک، زندگی کے موڑ پر، ان داتا، اور بالکونی" وغیرہ ہمیں کس قدر دل آویز اور انوکھی معلوم ہوتی تھیں 'ایک ہلکی ہلکی شعریت 'حسن کاری' زندگی کا احساس اور پر خلوص مطالعہ 'گویا لکھنے والے نے ایک طلسمی آئینہ اس زاویے سے بٹھایا کہ اس میں ہماری مانوس دنیا ایک مختلف رنگ میں نظر آنے لگی' جو بہ یک وقت ان کا حقیقی اور آئیڈیل روپ تھا' یہ نیا رویہ انسان دوستی اور اشتراکیت کہلا رہا تھا۔ یہ دونوں اصطلاحات گھِس پِٹ کر خاصی بدنام ہو چکی ہیں، مگر ان کی اہمیت اور

صداقت سے انکار نہیں کیا جاسکتا۔"

(شاعر: کرشن چندر نمبر)

قرۃ العین حیدر کے اظہار خیال کے مطابق دونوں اصطلاحیں کس قدر گھِس پِٹ کر بدنام ہو چکی ہیں، یہ بحث کا الگ موضوع ہے، لیکن یہ ضرور ہے کہ کرشن چندر اپنے سیاسی نظریے میں اس قدر ڈوب چکے تھے کہ زود نویسی نے ان سے بہت سارے سطحی افسانے لکھوائے۔

کرشن چندر اپنے سیاسی نظریے کی وضاحت میں کس قدر اٹل تھے، ان ہی کے الفاظ میں دیکھئے، جو انہوں نے ۱۹۴۴ء میں ترقی پسند مصنفین کی کانگریس کے خطبۂ صدارت میں پیش کیا تھا ـــــ

"اب وقت آگیا ہے کہ ہر ادیب کھلم کھلاّ اشتراکیت کا پروپیگنڈہ شروع کردے۔ کیونکہ اب ہمارے سامنے دو ہی راستے ہیں، آگے بڑھتی ہوئی رواں دواں اشتراکیت یا ساکن و جامد موت۔"

کرشن چندر کی اشتراکیت کے پروپیگنڈہ کی ذہنیت یا سخت گیری کے باعث انھیں نقصان بھی ہوا، اشتراکیت کے معدوم ہونے کے ساتھ ساتھ ترقی پسند تحریک کی کمزور پڑتی رفتار سے کرشن چندر کی شہرت دھیمی پڑتی گئی اور آج بعض نقاد اس امر کا اظہار کرتے ہوئے ذرا بھی نہیں جھجھکتے کہ کرشن چندر کی زود نویسی کے باعث ناقدین انھیں اردو کا کمزور افسانہ نگار تصور کرتے ہیں، اس لئے اب تک کرشن چندر کے فن پر کوئی اچھی کتاب، کوئی اچھا تنقیدی کام سامنے نہ آسکا۔

کرشن چندر کی زود نویسی کا عالم یہ ہے کہ اگر ساہتیہ اکادمی کے مونوگراف: "ہندوستانی ادب کے معمار: کرشن چندر" کی مصنفہ جیلانی بانو کی بات پر یقین کیا جائے تو"

انھوں (کرشن چندر) نے پانچ ہزار سے زیادہ افسانے لکھے، جو تقریباً بائیس مجموعوں کی شکل میں شائع ہوئے۔"(صفحہ ۱۷)، لیکن میرے خیال میں جیلانی بانو کی یہ بات صداقت سے پرے ہے۔ جیلانی بانو کرشن چندر کے بائیس مجموعوں کی بات کرتی ہیں اور "کرشن چندر کی تصانیف "عنوان کے تحت ۳۲ افسانوی مجموعوں کی فہرست پیش کرتی ہیں۔ اس ضمن میں کلام حیدری کی بات پر بھروسہ کیا جاسکتا ہے کہ کرشن چندر نے تقریباً پانچ سو افسانے لکھے ہیں۔(ماہنامہ شاعر، کرشن چندر نمبر ۲، صفحہ ۷۶) ان پانچ سو افسانوں میں کتنے افسانے فکری وفنّی سطح پر اعلیٰ پیمانہ تک پہنچ سکے اور برطانوی استبداد، ستیہ گرہ، قحط بنگال، آئی این اے کے مجاہدین آزادی، جہازیوں کی بغاوت، تقسیم ہند، فرقہ وارانہ فسادات، آزادیٔ ہند، دیسی حکومت کی بدکاری، سرمایہ داروں، اجارہ داروں کا ظالم شکنجہ، حسن وعشق اور کشمیر کی وادیاں وغیرہ جیسے موضوعات کو فنکارانہ طور پر برتا ہے، یہ امر ایک طویل تنقیدی بحث کا متقاضی ہے۔

لیکن اتنا ضرور ہے کہ اس امر پر غور ہونا چاہئے کہ وہ کون سی مجبوریاں تھیں کہ کرشن چندر کو اتنے ڈھیر سارے افسانے لکھنے پر مجبور ہونا پڑا۔ ظاہر ہے اتنے سارے افسانوں میں کرشن چندر کی اعلیٰ فکری وفنّی صلاحیتیں پوری طرح ابھر کر سامنے کیسے آتیں۔ لیکن جن افسانوں میں کرشن چندر کا اپنا مخصوص لب ولہجہ، اسلوب، آرٹ اور فن پورے آب وتاب کے ساتھ جلوہ گر ہوا ہے، ان کے مطالعہ کے بعد یہ کہا جاسکتا ہے کہ کرشن چندر ایسے خوش نصیب افسانہ نگار ہیں، جنھوں نے اپنے اسلوب، آرٹ اور فن کے ساتھ ساتھ اپنے تجربے اور مشاہدے کے شاندار اظہار کی بنا پر اپنے پہلے ہی افسانہ کی اشاعت کے بعد شہرت حاصل کرلی، جس سے متاثر ہو کر ان کے ہم عصر افسانہ نگار احمد ندیم قاسمی کو یہ کہنا پڑا ــــــ

"کرشن چندر اردو افسانہ کو داستان کے دور سے نکال کر مغربی ادب کے شاہکاروں کے دَور میں لے آیا، وہ واحد افسانہ نگار ہے، جس نے اپنے پہلے ہی افسانہ پر شہرت حاصل کرلی۔"

کرشن چندر کے ابتدائی دور کے افسانوں میں بھی ان کا جو اسلوب ملتا ہے، وہ ان کے ہم عصر افسانہ نگاروں سے مختلف اور منفرد تھا۔ ان کی شگفتگیٔ تحریر، ان کے ہم عصر افسانہ نگاروں کے ساتھ ساتھ آنے والی کئی نسلوں کو متاثر کئے بغیر نہ رہ سکی۔ اس سلسلے میں مشہور افسانہ نگار، راجندر سنگھ بیدی لکھتے ہیں___

"اسلوب کے ایک حصّہ پر تو انہیں قابو تھا، مثلاً منظر کشی، تشبیہات، استعارے اور احساس جمال۔"

"میں نے کتنا چاہا کہ کرشن کا قلم مجھے مل جائے اور میری لکنت دور ہو جائے۔"

بیدیؔ کے اس اظہار خیال سے کرشن چندر کے اندر کی فنکارانہ صلاحیتوں کا اندازہ بخوبی لگایا جاسکتا ہے۔

کرشن چندر کے افسانوی سفر کا باضابطہ آغاز افسانہ "یرقان" سے ہوتا ہے، جو ادبی دنیا (لاہور) میں ۱۹۳۶ء میں شائع ہو کر مقبول عام ہوا تھا۔ ابتدائی دور میں کرشن چندر رومانی افسانے لکھتے رہے، حسن و عشق کی داستان اپنے حسین اور دل چسپ انداز میں بیان کرتے رہے۔ لیکن جوں جوں ان کا سماجی شعور بیدار ہوتا گیا، وہ رومانیت سے قدرے دُور ہوتے ہوئے حقیقت نگاری اور زندگی اور اس کے اسرار و رموز کو اپنے تمام تر احساسات و جذبات کے ساتھ فن کی بھٹی میں تپا کر افسانوی قالب میں پیش کرنے لگے۔ اس ضمن میں انتظار حسین نے فرمایا تھا:

"کرشن چندر کے ساتھ اردو افسانہ رومانیت کے چنگل سے نکلا اور رومانی حقیقت

نگاری کی حدود میں داخل ہوا۔ اس نئی روایت میں رنگی ہوئی ان کی حقیقت نگاری پورے عہد کو اپنے ساتھ بہا لے گئی۔ بس یوں سمجھو کہ کرشن چندر ایک فیشن بن گئے۔ جو نو خیز ذہن میں افسانہ آتا، وہ کرشن چندر کے رنگ میں رنگا جاتا۔"

ایک لکھنے والے کی اہمیت اس طرح بھی جانی جاتی ہے کہ اس نے اپنے ہم عصروں کو اور بعد میں آنے والوں کو کس حد تک متاثر کیا ہے۔

کرشن چندر کے سحر کا زمانہ ۳۶ء کے ابتدائی دور سے شروع ہوتا ہے پھر ۴۷ء کے فسادات ہوتے ہیں۔ اس کے بعد اردو افسانہ اس طرز احساس اور اسلوب بیان سے اکتا کر نئے رجحانات سے آشنا ہوتا نظر آتا ہے۔ مگر سچی بات یہ ہے کہ اردو افسانے میں نئے رجحانات اور نئے اسالیب کے عمل دخل کے باوجود کرشن چندر کے رنگ میں لکھا جانے والا افسانہ آج بھی اثر رکھتا ہے۔ کرشن چندر کی رومانیت اپنے عہد کے مزاج سے نکلی تھی۔ مگر انہوں نے اپنے زور تخلیق سے اس میں اتنی توانائی پیدا کی کہ وہ اگلے عہد تک چلی اور اس پر اثر انداز ہوئی۔

ادب محض خوش وقتی اور ذہنی عیاشی کا سامان نہیں بلکہ علم و دانش کا ایک حصّہ اور زندگی کا ایک اہم صحیفہ ہے۔ ادب سے جہاں ہماری جمالیاتی حِس کی تسکین ہوتی ہے اور ایک خاص طرح کی مسرت سے ہم لطف اندوز ہوتے ہیں۔ ادب ہماری فکری بصیرت اور ذہنی ارتقا کا وسیلہ بھی ہے اور اس امر کا احساس کرشن چندر کو شدت کے ساتھ ہمیشہ رہا اور یہی وجہ ہے کہ انہوں نے "بالکونی' دل کسی کا دوست نہیں، نغمے کی موت، گل دان، چینی پنکھا، پالنا، جہلم میں ناؤ پر، سرخ پھول میں، اور گرجن کی ایک شام" وغیرہ جیسے افسانے لکھے، جن میں ان کا جمالیاتی حِس اور رومانیت پوری طرح اُجاگر نظر آتی ہے۔ مثال کے لئے "جہلم میں ناؤ پر" کا ایک اقتباس ملاحظہ ہو:

"بہر حال اس میں کوئی شک نہیں کہ میں بھی ایک حسین کی تلاش میں تھا۔ میں نے ٹائی کی گرہ ٹھیک کی اور لاری کے اندر چاروں طرف نگاہ دوڑائی، مگر آہ، اس مسافروں سے بھری ہوئی لاری میں جو اپنی زندگی کی منزل پر بے تحاشہ بھاگی جارہی تھی، مجھے کہیں بھی رومان نظر نہ آیا۔ دل برداشتہ چہرے تھے اور حقے یا پھر تھانیدار صاحب کا مور چھل۔ میں نے ایک لمحہ کے لئے اپنی آنکھیں بند کرلیں اور دل ہی دل میں کہا کہ اس لاری میں سب کچھ ہے مگر حُسن ناپید ہے۔"

لیکن آگے چل کر جیسا کہ میں نے اوپر لکھا ہے، کرشن چندر کا جوں جوں سماجی شعور بیدار ہوتا گیا، وہ رومانیت سے حقیقت نگاری کی جانب آتے گئے اور "یوکلپٹس کی ڈالی' ایک سیتا ایک مگرمچھ 'ان داتا' دادر پُل کے بچے 'مہالکشمی کا پُل' پشاور اکسپریس 'خونی ناچ' دو فرلانگ لمبی سڑک' اور 'ایک آنہ' وغیرہ جیسے افسانے لکھ کر انھوں نے اردو افسانے میں بیش بہا اضافے کئے۔ ان تمام افسانوں کے مطالعے سے کرشن چندر کے دھڑکتے ہوئے دل میں انسانیت کے درد و داغ اور جستجو و آرزو کے گہرے احساس کے ساتھ ساتھ ان کا مارکسی نقطۂ نظر واضح طور پر نظر آتا ہے۔ مثال کے طور پر کرشن چندر کا مشہور افسانہ "مہالکشمی کا پُل" پیش کیا جاسکتا ہے، جس میں فرقہ وارانہ فساد کی شکار ایک لڑکی جب گرتی ہے تو اس کے ہاتھ میں مارکسزم کی ایک کتاب ہوتی ہے۔ لیکن کرشن چندر کی افسانہ پر فنّی گرفت اتنی مضبوط ہے کہ کسی بھی جگہ ایسا محسوس نہیں ہوتا ہے کہ کرشن چندر اپنے مارکسی نظریات کی تبلیغ کر رہے ہیں۔ کرشن چندر نے بیشتر افسانے ایسے لکھے ہیں جن میں انسان کی بے بسی، مفلسی، بے کسی، تنگ دستی، بدحالی، اور استحصال کی تصویریں جیتے جاگتے کرداروں میں ملتی ہیں اس ضمن میں کرشن چندر کے چند افسانوں کے اقتباسات ملاحظہ ہو:

"وہ پیچش ٹھیک کر دیتا تھا اور وہ پھر آجاتی تھی۔ اس لئے نہیں کہ اس علاقے کے لوگوں کی آنتیں کمزور تھیں۔ بلکہ اس لئے کہ ان کی جیبیں کمزور تھیں۔ گھر اناج سے خالی تھے اور دیہات قحط سے روندے ہوئے تھے۔ لوگ پتّے اُبالتے تھے اور درختوں کی چھال اُبالتے تھے۔ اس لئے پیچش ضروری تھی، اس قدر لازمی کہ اگر انسان کے جسم میں آنتیں نہ ہوتیں تو یہ پیچش معدے میں ہو جاتی یا پھر پھیپھڑوں میں ہو جاتی یا کان میں ہو جاتی، مگر ہوتی ضرور۔"

(یوکلپٹس کی ڈالی)

"پانڈے نے کہا آج دس روز سے ہم لوگ ہڑتال پر ہیں۔ سنا ہے آج سے آٹھ روز کے بعد گورنر صاحب اس بلڈنگ کو کھولنے والے تھے، لیکن اب یہ بلڈنگ نہیں کھلے گی، اسے ہمارے سوا کوئی نہیں بنا سکتا۔ بلالیں کسی بڑے سے بڑے آدمی، بڑے سے بڑے نیتا کو اور اس سے یہ عمارت مکمل کرالیں، ہم بھی دیکھیں گے، یہ لوگ پتھر ڈھونا نہیں جانتے، خالی سونے کی قینچی سے ریشم کا فیتہ کاٹنا جانتے ہیں۔"

(ایک سیتا ایک مگرمچھ)

"روپئے کا کوئی مذہب نہیں ہوتا، کوئی رنگ اور مزاج نہیں ہوتا، اس کی کوئی قوم نہیں ہوتی اور اس کا کوئی ملک نہیں ہوتا۔ اس کی کوئی محبت نہیں ہوتی۔ روپئے کی ابتدا اور انتہا روپیہ ہے اور زیادہ روپیہ اور زیادہ (برہمن)

کرشن چندر کا افسانہ "ان داتا" بھی اسی صف میں رکھا جا سکتا ہے۔ جو کہ بنگال کے بھیانک قحط اور اس کے اثرات پر لازوال افسانہ ہے۔

اسی دوران دنیا کے افق پر دوسری جنگ عظیم کے مہیب بادل محیط ہو رہے تھے۔ فسطائی اور سامراجی طاقتیں اپنی پوری بربریت کے ساتھ اپنا رول ادا کر رہی تھیں۔ ادب

میں بھی سماجی بے چینی اور تلخی دبے پاؤں آنے لگی تھی۔ کرشن چندر کا دل ایک حسّاس انسان کا دل تھا۔ جس نے "گل فروش" "خونی ناچ" "بے رنگ و بو" اور "دو فرلانگ لمبی سڑک" جیسے پر اثر اور افسانوی ادب میں ہمیشہ زندہ رہنے والے افسانے لکھوائے۔

کرشن چندر نے جہاں بہت سارے لازوال اور شاہکار افسانے تخلیق کیے، وہیں ان کے چند افسانے ایسے بھی ہیں جنہیں پڑھنے کے بعد حیرت ہوتی ہے کہ یہ افسانے کرشن چندر جیسے عظیم افسانہ نگار نے لکھے ہیں؟ اس لئے کہ ان افسانوں میں کرشن چندر کا نہ اپنا مخصوص اسلوب ہے، نہ آرٹ ہے اور نہ فنّی رچاؤ ہے۔ اس سلسلے میں ہم کرشن چندر کے "عورتوں کا عطر" "ربر کی عورت" "بھگوان کی واپسی" "لڑکی کی مہک" "تھالی کا بیگن" اور "زر گاؤں کی رانی" وغیرہ جیسے افسانوں کا نام لے سکتے ہیں۔

لیکن ان چند افسانوں کی وجہ سے کرشن چندر کی غیر معمولی فنّی و فکری صلاحیت پر حرف نہیں آتا، اس لئے کہ کسی بھی فنکار کے متعلق یہ نہیں کہا جا سکتا ہے کہ اس کی ہر تخلیق شاہکار ہو گی۔ اس لئے کرشن چندر کے بہت سارے بہترین افسانوں کے سامنے ان چند غیر معیاری افسانوں کو فراموش کرنے میں کوئی تامل نہیں۔ اور ابوالفیض سحر کی باتوں پر یقین کرنا پڑتا ہے کہ:

"کرشن چندر نے اردو افسانوی ادب کو جو تنوع دیا، جو ہمہ جہتی و ہمہ گیری دی، جو بلندی عطا کی، جو وسعت اور گہرائی و گیرائی دی، اس کی مثال ہماری ادبی تاریخ میں کم ملے گی۔ ہندوستان کے شہروں، دیہاتوں کے گلی کوچوں، فٹ پاتھوں کے تڑپتے لمحوں، حویلیوں اور جھونپڑوں کے پر سکون صحنوں کی زندگی سے لے کر لندن، ماسکو، اور واشنگٹن جیسے پر ہجوم شہروں کے کلبوں اور کارخانوں کی نئی صنعتی زندگی کی دھوپ چھاؤں، زندگی کے مختلف فلسفوں اور عقیدتوں کے چمن زاروں میں کھلے انسانی احساسات و جذبات کے

پھولوں اور ان پھولوں پر منڈلاتی انسانی نفسیات اور کردار کی رنگ برنگی تتلیاں جسم و جاں اور روح کی وادیوں میں گنگناتے آبشاروں، لہلہاتے چنار دلچسپ پیرائے سے کرشن چندر کے ادب کو مزیّن کرتے ہیں، اور اس کی مقامی اور بین الاقوامی قرأت اور قدرو قیمت بڑھاتے ہیں۔"

کرشن چندر کی اعلیٰ صلاحیتوں، تحریر کی شگفتگی اور فکر و فن کا اعتراف بڑے بڑے ناقدوں نے کیا ہے۔ ڈاکٹر قمر رئیس اور پروفیسر گوپی چند نارنگ کرشن چندر کی عظمت کا اعتراف یوں کرتے ہیں:

"کرشن چندر نے اردو زبان میں انسانی وجود کی، اس کے قلب کی سوئی ہوئی وادیوں کو جگایا تھا۔ جہاں کسی اور کی رسائی نہ ہو سکی۔ وہ اپنے ساحرانہ بیان سے ان وادیوں کی ساری رنگینی، شادابی اور دلکشی کو اپنے قارئین کی روح میں منتقل کر دیتا تھا۔ اس کی کہانیوں میں انسان کے مقدس اور معصوم جذبات دل کی طرح دھڑکتے ہوئے محسوس ہوتے ہیں۔ آہوں اور آنسوؤں امیدوں اور مایوسیوں اور قہقہوں اور مسکراہٹوں سے آنکھ مچولی کھیلتے یہ انسانی جذبات ہی اس کا سرمایۂ حیات ہیں۔"

(ڈاکٹر قمر رئیس)

"انسانی قدروں کے مرقع نگار کی حیثیت سے اردو میں کرشن چندر کی حیثیت ہمیشہ رہے گی۔ عوام و خواص میں جتنی مقبولیت کرشن چندر کو نصیب ہوئی وہ بہت کم لوگوں کو میسر آئی ہے۔ ان میں تین باتیں خاص تھیں۔ مناظر فطرت سے والہانہ محبت، اخلاص سے معمور انسان دوستی اور جذبات سے تھرتھراتا ہوا سادہ اور خوبصورت اسلوب۔"

(پروفیسر گوپی چند نارنگ)

کرشن چندر کے افسانوں میں مناظر فطرت کی جتنی حسین اور خوبصورت تصویریں

دیکھنے کو ملتی ہیں اور اسے پیش کرنے میں انھیں جو کمال حاصل تھا وہ دوسروں کو کم نصیب ہوا۔ کرشن چندر کے افسانے 'سفید پھول' 'پورے چاند کی رات' 'گل فروش' اور 'خوشبو اڑی اڑی سی۔ وغیرہ جیسے بہت سارے افسانے ایسے ہیں جن میں قدرتی اور فطری مناظر بڑے دلکش اور پیارے انداز میں ملتے ہیں اور ایسے مناظر کی بہترین اور لاجواب تصویر کشی کا فن کرشن چندر کو ہی حاصل تھا، اور اس فن کمال تک کوئی دوسرا افسانہ نگار نہیں پہنچ سکا۔

***

کرشن چندر کی افسانہ نگاری

طارق چھتاری

ترقی پسند تحریک سے وابستہ حقیقت نگاروں میں کرشن چندر سب سے زیادہ مقبول اور سب سے زیادہ معتوب افسانہ نگار ہیں۔ چوں کہ ان کی تخلیقات کی تعداد بہت زیادہ ہے اور انھوں نے تکنیک کے بے شمار تجربے کیے ہیں، اس لیے انھیں خالص حقیقت نگار تسلیم کرتے ہوئے ان کے فن پر بھرپور گفتگو کرنا یا کسی ایک تکنیک کی نشاندہی کرنا، ناقدین کے لیے نہایت مشکل امر ہے۔

زیادہ لکھنے والوں کی یہ ٹریجڈی ہوتی ہے کہ بعض اوقات ان کے معرکتہ الآرا فن پارے بھی نسبتاً کمزور تحریروں کی بھیڑ میں گم ہو جاتے ہیں اور ان کی فنی صلاحیتوں سے متعلق کوئی واضح اور حتمی رائے قائم نہیں ہو پاتی۔ یہی وجہ ہے کہ ہمارے بعض اہم ناقدین نے کرشن چندر کو فنی نقطۂ نظر سے کمزور افسانہ نگار ثابت کرنے کی بھی کوشش کی ہے۔ خاص طور پر کردار نگاری کے سلسلے میں کرشن چندر کی ناکامیوں کا اکثر ذکر ہوا ہے۔ وارث علوی فرماتے ہیں،

"کرشن چندر اپنے افسانوں میں کردار نگاری نہیں کرتے، کرداروں کا طنزیہ، مزاحیہ یا جذباتی Bio-Data دیتے ہیں، جو صحافتی طریقۂ کار ہے۔" (اردو افسانہ روایت اور مسائل، ص:۳۲۲)

صرف کردار نگاری کے متعلق ہی نہیں بلکہ واقعہ نگاری اور پلاٹ جیسے عناصر پر بھی وارث علوی کی یہی رائے ہے۔ اقتباس،

"کرشن چندر کا آرٹ بنیادی طور پر تاثراتی آرٹ ہے۔ کردار نگاری، پلاٹ، واقعہ نگاری ان کے بس کا روگ نہیں۔" (اردو افسانہ روایت اور مسائل، ص: ۳۵۴)

دراصل کرشن چندر کے تخلیقی ذہن نے کردار نگاری، پلاٹ کی تشکیل اور واقعہ نویسی میں حقیقت نگاری کے روایتی اصولوں سے انحراف کیا ہے۔ لہٰذا اگر ہم ان کی تخلیقات کے فنی عناصر کو حقیقت نگاری کے پرانے پیمانوں سے ناپیں گے تو یقیناً مایوسی ہوگی۔ اس حقیقت کے باوجود کہ محض کردار نگاری ان کا مقصد نہیں ہوتا یا بقول وارث علوی وہ اپنے افسانوں میں کردار نگاری نہیں کرتے، کرشن چندر کے چند کردار اپنے خارجی و داخلی امتیازات کے سبب آج تک قارئین کے ذہن پر چھائے ہوئے ہیں۔ مثلاً ایک پس ماندہ طبقے کا نہایت مفلسی کی زندگی گذارنے والا کردار کالو۔

اگر ہم اس کردار کا تجزیہ حقیقت نگاری کے مسلمہ اصولوں کے حصار سے باہر آکر کریں تو شاید ان کی تکنیک کو سمجھنے میں کسی حد تک کامیاب ہو سکیں۔ حالانکہ اس افسانے کا عنوان کالو کے نام پر رکھا گیا ہے مگر اس میں موجود دوسرے کرداروں کی زندگی کے واقعات کو مصنف نے زیادہ اہمیت دی ہے اور ان کی زندگی پر ایسے زاویے سے روشنی ڈالی ہے کہ کالو کے کردار کی تاریکی پوری طرح کینوس پر پھیل جاتی ہے۔

افسانے کا راوی خود افسانہ نگار ہے۔ شروع میں ہی قارئین پر ظاہر ہو جاتا ہے کہ ایک حساس فن کار یعنی پس ماندہ طبقے کا ہمدرد ایک ترقی پسند ادیب بھی کالو کو، جس کی معاشی حالت بہت خراب ہے، مستقل نظر انداز کر رہا ہے اور اسے اس قابل بھی نہیں سمجھتا کہ اس کی بے کیف و بے رنگ زندگی پر کوئی افسانہ لکھا جائے۔ اپنے حوالے سے

پورے سماج پر طنز کرنے کا یہ انداز انوکھا بھی ہے اور پراثر بھی۔ افسانے کا آغاز ان جملوں سے ہوتا ہے،

"میں نے اس سے پہلے ہزار بار کالوؔ۔۔۔ کے بارے میں لکھنا چاہا ہے لیکن میرا قلم ہر بار یہ سوچ کر رک گیا کہ کالوؔ کے متعلق لکھا ہی کیا جا سکتا ہے۔ مختلف زاویوں سے میں نے اس کی زندگی کو دیکھنے پرکھنے، سمجھنے کی کوشش کی ہے لیکن کہیں وہ ٹیڑھی لکیر دکھائی نہیں دیتی جس سے ایک دلچسپ افسانہ مرتب ہو سکتا ہے۔"

یہاں براہ راست کردار تخلیق کرنے کی بجائے اپنے تخلیقی عمل میں قارئین کو شریک کرنے کے اِس طریقہ کار کو دیکھتے ہوئے یہ کہا جا سکتا ہے کہ کرشن چندر نے افسانے میں روایتی کردار نگاری کے عوض ایک نادر تکنیک کا تجربہ کیا ہے۔ افسانے کے کرداروں کے علاوہ نہ صرف یہ کہ افسانہ نگار خود ایک کردار بن جاتا ہے بلکہ قاری کو بھی افسانے کا ناگزیر کردار بنا دیتا ہے۔ یہی وجہ ہے کہ افسانہ نگار کبھی خود سے ہم کلام ہوتا ہے، کبھی اپنے کرداروں سے اور کبھی قارئین سے۔ دراصل افسانہ نگار تخلیقی عمل کے دوران جن مراحل سے گزر رہا ہے، ان میں قاری کو بھی شریک کرتا جا رہا ہے۔ اس تکنیک کے کامیاب تجربے کے اثرات قاری پر کچھ اس طرح مرتب ہو رہے ہیں کہ وہ تخلیقی عمل میں شامل ہو کر ایک تخلیق کار کا درجہ حاصل کر لیتا ہے اور اس طرح مصنف اپنا دکھ قاری کے دل میں منتقل کر کے اسے سماج کے لیے اپنی ذمے داری کا احساس دلانے میں کامیاب ہو جاتا ہے۔

کرشن چندر اس افسانے میں مصوّری کی وہ تکنیک استعمال کرتے ہیں جس میں سادہ کینوس پر مختلف رنگ بکھیر کر درمیانی حصہ سفید چھوڑ دیا جاتا ہے اور وہی سفید حصہ اصل آرٹ ہوتا ہے۔ افسانے میں کرشن چندر کالوؔ کی بجائے ان کرداروں کی زندگی کے مختلف

واقعات بیان کرنے لگتے ہیں جن سے کالو متعلق ہے اور جن کی معاشی حالت اس سے کچھ بہتر یا بہت بہتر ہے۔ لہٰذا وہ کبھی اسپتال کے کمپاؤنڈر خلجی، ریشماں، بیگماں، نوراں کے قصے یا نمبر دار اور پٹواری کے لڑکوں کے عشق کی داستانیں بیان کرتے ہیں تو کبھی بختیار، اس کی بیوی اور بختیار کی ماں کے گھریلو مسائل، حتی کہ ساس بہو کے معمولی جھگڑے تک کا تذکرہ کرتے ہیں مگر کالو محض ان کرداروں کا سایہ بن کر ہی اسپتال کے اسٹیج پر نظر آتا ہے۔

کرشن چندر کا کمال یہ ہے کہ کالو کا دھندلا سایہ افسانے کے اختتام تک پہنچتے پہنچتے قاری کے ذہن پر واضح خدّوخال کے ساتھ اس طرح حرکت و عمل میں مصروف نظر آتا ہے جیسے کرشن چندر نے شعوری طور پر قاری کے ذہن کو ایک اسٹیج اور کالو کو اس ڈرامے کا مرکزی کردار بنا کر پیش کیا ہو۔

کرشن چندر نے بیشتر افسانوں میں انسانوں اور جانوروں کے علاوہ بے جان چیزوں کو بھی کردار بنایا ہے۔ اس نوع کے افسانوں میں "غالیچہ" اور "اور دو فرلانگ لمبی سڑک" ان کے مشہور افسانے ہیں۔ وہ ایک بے جان شے یعنی سڑک کا تذکرہ ان الفاظ میں کرتے ہیں،

"اس کا رنگ کبھی نہیں بدلتا، اس کی ہیئت میں تبدیلی نہیں آتی۔ اس کی صورت میں روکھا پن بدستور موجود ہے۔ جیسے کہہ رہی ہو، مجھے کسی کی کیا پرواہ ہے؟" (دو فرلانگ لمبی سڑک)

آگے لکھتے ہیں،

"یہ کیا سوچتی ہے؟ یا شاید سوچتی ہی نہیں، میرے سامنے ہی ان نو سالوں میں اس نے کیا کیا واقعات حادثے دیکھے۔ ہر روز ہر لمحہ کیا نئے تماشے نہیں دیکھتی؟ لیکن کسی نے

اسے مسکراتے نہیں دیکھا، نہ روتے ہی۔"

(دو فرلانگ لمبی سڑک)

اسی طرح جب کالو بھنگی کا بھٹا اپنے ہاتھوں سے بھونتا ہے تو وہ بھٹا ایک جیتا جاگتا کردار بن جاتا ہے اور کالو سے اس کا گہرا تعلق اس بات کی طرف اشارہ ہے کہ اس سماج میں ایک پس ماندہ طبقے کے بے حیثیت شخص کا رشتہ انسانوں کی بجائے محض جانوروں اور غیر جاندار چیزوں تک ہی محدود ہے۔ اس ضمن میں ایک اقتباس ملاحظہ ہو،

"نہایت آہستہ آہستہ بڑے سکون سے، بڑی مشاقی سے وہ بھٹے کو ہر طرف سے دیکھ دیکھ کر بھونتا جیسے وہ برسوں سے اس بھٹے کو جانتا ہو۔ ایک دوست کی طرح وہ بھٹے سے باتیں کرتا۔ اتنی نرمی اور مہربانی اور شفقت سے وہ اس سے پیش آتا گویا وہ بھٹا اس کا رشتے دار یا سگا بھائی ہو۔۔۔ میرے خیال میں خود بھٹے کو یہ اندازہ ہو جاتا تھا کہ کالو۔۔۔ اس سے محبت کرتا ہے، ورنہ محبت کے بغیر اس بے جان شے میں اتنی رعنائی کیسے پیدا ہو سکتی تھی۔"

کرشن چندر پر ایک الزام یہ ہے کہ وہ اپنے مقصد کی ترسیل اور پیغام کی تبلیغ کے لیے افسانے میں راست بیانیہ اور غیر ضروری وضاحت سے کام لے کر اشاروں کنایوں میں بات کہنے کے حسن کو مجروح کر دیتے ہیں، لیکن اگر ہم تھوڑا سا زاویہ بدل کر ان کے افسانوں پر نظر ڈالیں تو ان کی وضاحتیں بھی کسی ان کہی اور پوشیدہ بات کا اشارہ معلوم ہوں گی۔ مثلاً اس افسانے میں کئی مقامات پر یہ کہنے کی گنجائش نکل سکتی تھی کہ "کالو کی حیثیت انسانوں کے سماج میں فقط ایک جانور جیسی تھی۔" لیکن اس Authorial Statement سے انھوں نے اجتناب کیا ہے اور چرند پرند سے کالو کی گہری دوستی دکھا کر یا بیوی تو کیا، اس کے لیے بیوی کا تصور بھی نہ ہونے کے سبب، بیوی کی انگلیوں کی بجائے

گائے کی زبان سے سر سہلوا کر، یہاں تک کہ بے جان چیز سے گفتگو کروا کر یعنی اسے جانوروں اور بے جان چیزوں سے Identify کر کے ان جیسا ہی بے حیثیت، بے وقعت، بے زبان اور بے جان Creature ثابت کرنے کا فنی حربہ استعمال کیا ہے۔

اس کے علاوہ جب جب اس کا انسانوں سے واسطہ پڑا ہے، تب تب انسانوں نے اس کے ساتھ وہی رویہ اختیار کیا جو رویہ کام آنے والے پالتو جانوروں کے ساتھ اختیار کیا جاتا ہے۔ ایک موقع پر جب بختیار چپراسی کی ماں اپنی بہو سے ناراض ہو کر کہیں چلی جاتی ہے تو ہر ایک کے کام آنے والا کالو بختیار کی مدد کے لیے گھنے جنگل میں ماں کو ڈھونڈنے اس کے ساتھ جاتا ہے اور اپنی جانب سے گہری وابستگی اور قریبی تعلق دکھاتے ہوئے کہتا ہے کہ،

"میرا خیال ہے وہ نکر گئی ہو گی تمھارے ماموں کے پاس۔"

ہوتا بھی یہی ہے۔ بختیار کی ماں انھیں نکر کے دو کوس اِدھر مل جاتی ہے۔ یعنی بختیار سے زیادہ کالو کو اندازہ ہے کہ بختیار کی ماں اس وقت کہاں گئی ہو گی۔ یہ واقعہ انسانوں کے ساتھ اس کے ذاتی اور گہرے تعلق کی طرف اشارہ کرتا ہے۔ مگر سماج کے دوسرے افراد اس کے ساتھ کیا سلوک کرتے ہیں، اس کا اندازہ اس منظر سے ہوتا ہے جب کالو اور بختیار بے ہوش ماں کو باری باری گود میں اٹھاتے ہوئے گھر پہنچتے ہیں: اقتباس،

"اور جب وہ گھر واپس پہنچے تو بالکل اندھیرا ہو چکا تھا اور انھیں واپس آتے دیکھ کر بچے رونے لگے اور کالو ایک طرف ہو کے کھڑا ہو گیا اور اپنا سر کھجانے لگا اور ادھر ادھر دیکھنے لگا۔ پھر اس نے آہستہ سے دروازہ کھولا اور وہاں سے چلا آیا۔"

وہی کالو جو چند لمحے قبل بختیار کی ماں کو ڈھونڈنے جنگل جنگل مارا مارا پھرا تھا، جس نے گہری اپنائیت کے جذبے کا اظہار کیا تھا اور جو بختیار کی بے ہوش ماں کو اپنی گود میں اٹھا کر لایا تھا، اب ایک کونے میں تنہا کھڑا سر کھجا رہا ہے اور پھر چپکے سے وہاں سے باہر چلا جاتا

ہے، گویا نسل آدم سے اس کا کوئی رشتہ ہی نہیں۔ یعنی موضوع کے لحاظ سے اس کہانی کا سب سے بڑا مسئلہ کالو کے وجود، اس کے Existence کا مسئلہ ہے۔

کرشن چندر کی فن کاری یہ ہے کہ انھوں نے اس کا ایسانام رکھا ہے، جس سے اس کے مذہب کا اندازہ نہیں ہوتا۔ جب اس کے وجود کو انسان کا درجہ ہی نہیں دیا جارہا ہے تو مذہب کیسا؟ البتہ لفظ کالو اس کی زندگی کی سیاسی یعنی تاریکی کی طرف اشارہ ضرور کرتا ہے۔ اس سے قبل اچھوتوں پر لکھے گئے افسانوں میں Untouchability کے مسئلے کو ایک بڑے مسئلے کے طو پر پیش کیا جاتا تھا۔ حالانکہ اگر کسی شخص کے ساتھ چھوت چھات کا برتاؤ کیا جاتا ہے توک م ازکم یہ طے ہے کہ اس کے وجود کو تسلیم کیا جارہا ہے، مگر کالو کا المیہ یہ ہے کہ اس کے وجود کو ہی تسلیم نہیں کیا گیا اور سماج کے ہر طبقے نے اسے ناقابل اعتنا سمجھ کر نظر انداز کر دیا۔ اسی لیے کرشن چندر کالو سے ہم کلامی کے انداز میں، اس کی حالت سدھارنے کا تقاضا، سماج کے مختلف افراد اور مختلف طبقوں سے کرتے نظر آتے ہیں۔

کرشن چندر کے افسانوں کا باریک بینی سے مطالعہ کرنے کے بعد یہ بھی اندازہ ہوتا ہے کہ ان کے بیشتر افسانوں میں کوئی ایک مرکزی کردار نہیں ہوتا بلکہ افسانے کا ہر واقعہ فرد کی نہیں، افراد کی داستان بیان کرتا ہے۔ وہ اجتماعی صورت حال پر نظر انداز رکھتے ہیں۔ اسی لیے وہ کسی ایک کردار، ایک خاندان، ایک گروہ یا ایک طبقے کے تقریباً ایک جیسے لوگوں کی زندگی کے محض کسی ایک گوشے کو اجاگر نہیں کرتے۔ ہاں ان افسانوں میں اسٹیج کے طور پر تو کوئی ایک ہی مقام استعمال کیا جاتا ہے مگر اس پر عمل و حرکت کرنے والے کردار الگ الگ شخصیت، ذہنیت اور حیثیت کے مالک ہوتے ہیں، پھر ان کرداروں کی زندگی کے متضاد پہلوؤں پر اس طرح روشنی ڈالی جاتی ہے کہ مکمل معاشرے

کے مختلف رنگوں کو ایک نظر میں دیکھا جا سکے۔

ان کا یہ طریقۂ کار کولاژ کی تکنیک سے بہت مماثلت رکھتا ہے اور قاری کو محسوس ہوتا ہے کہ کرشن چندر زندگی کی تصویر کے اس رُخ کو دکھانا چاہتے ہیں جہاں کسی ایک کردار کی زندگی کے مختلف پہلو نظر آنے کی بجائے مختلف کرداروں کا کوئی ایک مشترک پہلو نمایاں ہو رہا ہو۔ اسی لیے وہ خارجی اور سامنے کی حقیقتوں کو بیان کرنے کی بجائے داخلی اور پوشیدہ حقیقتوں کو بیان کرتے ہیں۔ اس کی بہترین مثال "مہا لکشمی کا پل" ہے۔ مہا لکشمی کا پل پر سوکھنے والی چھ ساڑیوں کے مختلف رنگوں کے حوالے سے مختلف کرداروں کی زندگی کے ایک ہی رنگ کو نمایاں کرنے کی کوشش کی گئی ہے۔ رنگ جو کئی رنگوں کے امتزاج سے بنتے ہیں، ان میں کوئی نہ کوئی ایک رنگ مشترک ہوتا ہے۔ اسی اشتراک پر کرشن چندر کی نظر ٹھہرتی ہے اور وہ اسے اس طرح پیش کرتے ہیں کہ الگ الگ افراد کی زندگی اجتماعی زندگی بن کر ایک ہی نظر میں دیکھی جا سکے۔ وہ قاری سے یہ بھی توقع کرتے ہیں کہ وہ بھی ایک نظر میں دیکھے اور ایک ہی نظر سے دیکھے۔

وہ افسانے جن میں ہیئت اور تکنیک کے کامیاب تجربے کیے گئے ہیں، ان میں "غالیچہ" بھی ایک قابل ذکر افسانہ ہے۔ اس افسانے میں غالیچے کو نہ صرف ایک کردار بنا کر پیش کیا ہے بلکہ مہا لکشمی کا پل کی مانند غالیچہ بھی ایک اسٹیج بن جاتا ہے، ایسا اسٹیج جو فنکار کے دل، ذہن، فلسفے اور فکر کی تمثیل بھی ہے، جہاں سے وہ آپ بیتی اور جگ بیتی سننے سنانے بلکہ دیکھنے دکھانے کا کام کر رہا ہے۔ اگر ہم غور کریں تو "دو فرلانگ لمبی سڑک"، "گڑھا" اور "بالکونی" میں بھی کرشن چندر نے کسی مقام یا شے کو اسٹیج کی طرح استعمال کر کے مختلف کرداروں کی ایسی داستانیں بیان کی ہیں جو نقطۂ عروج پر پہنچ کر قاری کے منتشر تاثرات کو وحدتِ تاثر میں تبدیل کر دیتی ہیں۔

بالکونی کو مصنف نے ایک ایسے اسٹیج کی شکل دی ہے، جہاں سے وہ اپنے عہد کے متعدد کرداروں کی زندگیوں پر مخصوص زاویے سے روشنی ڈالنا چاہتا ہے۔ اس اسٹیج پر،

"بینکر بھی تھے اور تاجر بھی، ٹھیکے دار بھی تھے اور پانچ بچوں والی مائیں بھی، طالب علم بھی تھے اور طالبِ دیدار بھی۔ طرح طرح کے لوگ، مرہٹے، ایرانی، اینگلو انڈین، ڈوگرے، پنجابی، دہلوی، مختلف زبانیں، مختلف لباس، عجیب عجیب باتیں، انوکھے تبسم، نرالے قہقہے، کائنات کی ساری بوالعجبیاں اس بالکونی میں اکٹھی ہو گئی تھیں اور یہ سب عجیب لوگ غروب آفتاب کا منظر دیکھنا پسند کرتے تھے۔ یہ بڑے غیر رومانی لوگ تھے۔ ان کی زندگی کا نصب العین روپیہ تھا۔ لیکن یہ لوگ اکثر حالتوں میں دو ہزار میل چل کر گلمرگ کی شفق دیکھنے آتے تھے۔ مشینی دور میں ہر انسان روپیہ چاہتا ہے۔ سرمایہ داری نے اس کی زندگی کو تلخ، اس کے دل کو کمینہ، اس کی روح کو غلیظ بنا دیا ہے لیکن خوبصورتی کی حس ابھی مٹی نہیں۔ وہ انسان کی کائنات کے کسی گوشے میں کسی زخمی کبوتر کی طرح ابھی تک تڑپ رہی ہے، نہیں تو شفق دیکھنے کے لیے اس قدر بے قراری کیوں؟"

(بالکونی)

اگر ہم اس بالکونی کو اور یہاں موجود افراد کو حقیقی معنوں میں تصور کریں گے تو مصنف کے عندیے تک پہنچنے میں مشکل ہو گی۔ دراصل یہ ایسی حقیقت نگاری ہے جہاں استعاراتی، تمثیلی اور علامتی اسلوب میں یہ بتانے کی کوشش کی گئی ہے کہ اس نفسی نفسی کے دور میں بھی انسان کے لیے جمالیاتی حِس کی تسکین کے سامان تلاش کرنا ایک ناگزیر عمل ہے۔ اس افسانے میں کرشن چندر نے چند کرداروں کے حوالے سے ہندوستانی سماج کی صورتِ حال پیش کرنے کے لیے ایک خط کو وسیلہ بنایا ہے۔ وہ زندگی کے تجربات کو خط میں اس طرح درج کرتے ہیں گویا یہ خط کاغذ پر نہیں، براہِ راست قاری کے ذہن کے

پردے پر لکھا جا رہا ہو۔ کرشن چندر کے بیشتر افسانوں کی طرح "بالکونی" میں بھی بیک وقت کئی قصے ایک ہی مقام پر رونما ہوتے ہیں اور مختلف کردار اپنی اپنی داستانیں بیان کر کے مرکزی قصے کی تعمیر و تشکیل کرتے ہیں۔ اس طرح ذیلی قصوں اور کرداروں کے بے شمار پہلو افسانے کے اختتام پر پہنچتے پہنچتے آپس میں یوں ضم ہو جاتے ہیں کہ ایک نیا پہلو ابھر کر سامنے آتا ہے اور افسانہ قاری کے ذہن پر گہرا اور واحد تاثر قائم کرنے میں کامیاب ہو جاتا ہے۔

کرشن چندر نے "دو فرلانگ لمبی سڑک" میں بھی سپاٹ بیانیہ اور روایتی حقیقت نگاری سے پرہیز کرتے ہوئے "دو فرلانگ لمبی سڑک" کو آج کی دنیا کا استعارہ بنا کر پیش کیا ہے۔ سماج میں جو کچھ ہو رہا ہے، اس کی عکاسی کرشن چندر نے اس افسانے میں ایک سڑک کے حوالے سے اشاراتی اور علامتی انداز میں نہایت فن کاری کے ساتھ کی ہے۔

الغرض کرشن چندر کا یہ انداز ان کے افسانوں کو اکہری حقیقت نگاری، روایتی کردار نگاری اور سطحی واقعہ نگاری کے افسانوں سے مختلف کرتا ہے بلکہ ایک نئے طرز کے پلاٹ کی تعمیر بھی ہوتی ہے۔ یہی اسلوب کرشن چندر کو اپنے ہم عصروں سے ممتاز و منفرد بناتا ہے اور وہ تکنیک کی سطح پر تجربے کرنے والے فن کاروں میں ایک اہم مقام حاصل کر لیتے ہیں۔

***

کرشن چندر: اردو ادب کا حقیقت پسند افسانہ نگار

اختر حفیظ

امریکی شاعرہ مرئیل رکیسر نے کہا ہے کہ "یہ کائنات ایٹمز سے نہیں بلکہ کہانیوں سے بنی ہے"۔

کہانیاں جو صدیوں سے انسان سنتا آ رہا ہے۔ قصہ گوئی سے لے کر آج کے جدید ادب تک یہ کہانیاں ہی ہیں جو کرداروں کے ذریعے انسانی تاریخ، احساسات اور جذبات کو بیان کرتی آ رہی ہیں۔ ان تمام کہانیوں کی جڑیں انسانی سماج میں پیوست ہوتی ہیں۔ جنہیں کوئی افسانہ نگار تخلیق کر کے کبھی معاشرے میں پنپتے سوالات کا جواب دیتا ہے تو کبھی ان گنت سوال چھوڑ کر ہمیں سوچنے پر مجبور کر دیتا ہے۔

برصغیر میں اردو افسانے کا ذکر دو ناموں کے سوائے ادھورا ہے۔ وہ نام ہیں کرشن چندر اور سعادت حسن منٹو۔ سعادت حسن منٹو کے افسانوں کو تو قارئین کا ایک حلقہ جنسی لذت کا ذریعہ سمجھ بیٹھا ہے مگر وہ اپنی تحاریر میں جن نفسیاتی اور معاشرتی پہلوؤں کو بیان کرتے ہیں، ان پر فکر انگیزی کی اشد ضرورت ہے۔

کرشن چندر اور منٹو نے تقسیم ہند کے درد کو اپنی آنکھوں سے دیکھا اور اسے اپنی

کہانیوں میں جا بجا بیان بھی کیا ہے۔ کرشن چندر کی کہانیوں کے حوالے سے ایک خیال یہ بھی پیش کیا جاتا ہے کہ وہ اپنی کہانیوں میں طبقاتی سوال کو اٹھاتے رہے ہیں، لہٰذا ان کے کردار، مل مزدور، کسان، نمک کی کان میں کام کرنے والے، نچلے طبقے کے لوگ اور جاگیر دار رہے ہیں۔ کرشن چند کا جنم ۲۳ نومبر ۱۹۱۴ کو وزیر آباد، ضلع گجرانوالہ میں ہوا۔

کرشن چندر کا اپنا خالص اسلوب انہیں اپنے دور کے دیگر افسانہ نگاروں پر غالب کر دیتا ہے۔ ان کے افسانے پڑھ کر ایسا لگتا ہے کہ انہوں نے نثر میں شاعری کی ہے۔ اس کی اہم وجہ ان کے ارد گرد کا وہ ماحول بھی تھا جو انہیں بچپن سے ہی جنت نظیر وادی، کشمیر میں ملا۔ جہاں بہتے دریاؤں سے لے کر، سر سبز میدان، آبشار اور فطرت سے بھرے ایسے مناظر تھے جو ان کے افسانوں میں کسی پینٹنگ کی مانند نظر آتے ہیں۔

ان کے ہاں موضوعات کی ہمہ گیریت تھی۔ یہ موضوعات ان کے پاس ایسے تھے جیسے پھولوں پر منڈلاتی تتلیاں۔

ڈاکٹر اقبال آفاقی اپنی کتاب "اردو افسانہ" میں کرشن چندر کے بارے میں لکھتے ہیں کہ "کرشن چندر کے قلم میں پہاڑی ندی کا سا تیز بہاؤ ہے اور میدان میں بہنے والے دریا کا سا پھیلاؤ بھی۔ وہ دونوں کے درد پہچانتا ہے، تبھی اس نے "درد گردہ" کی نرس مس جائے جیسے شفیق اور مہربان کردار تخلیق کیے۔ کرشن چندر کے ادراک کا کینوس بہت وسیع ہے، سرینگر سے لاہور، کلکتہ اور نیچے بمبئی تک پھیلا ہوا۔

"اس کی وجہ فطری وسیع المشربی، بلند خیالی اور رواداری جیسی اقدار پر ایمان ہے۔ ان کے ہاں تکنیک کے تجربات بھی ملتے ہیں، مثلاً ان کا افسانہ "غالیچہ" ایک سوریئلی تصویر اور پھر مثبت اور منفی تکنیک کے تجربات کا قابل ذکر مثال ہے۔ وہ ہر طرح کے موضوعات اور کرداروں پر کہانیاں کسی مذہبی یا نسلی تعصب یا نفسیاتی رکاوٹ کے بغیر

فطری بہاؤ میں لکھتا چلا جاتا ہے"۔

اپنی کہانیوں میں حقیقت نگاری کو پیش کرنے لیے انہوں نے اپنے تخلیق کردہ کرداروں کا سہارا لیا ہے۔ جدید افسانہ نگاری میں بھی انہوں نے لوک ادب سے اپنا رشتہ نہیں توڑا ہے بلکہ لوک ادب کے عنصر کو اپنی کہانیوں میں شامل کر کے انہیں اور بھی جاندار طریقے سے بیان کیا ہے۔ یہی ان کی ایک ایسی خاصیت ہے جو کہ انہیں باقی افسانہ نگاروں سے ممتاز بناتی ہے۔ جس کی مثالیں ہمیں "کالا سورج" اور "پانی کا درخت" میں نظر آتی ہیں۔

ویسے تو ہمارے آس پاس کئی کردار موجود ہوتے ہیں مگر انہیں کہانی کے سانچے میں ڈھالنے کا فن کرشن چندر کو بخوبی آتا ہے۔ ان کے افسانے ایک ایسا طلسم کدہ ہیں جس کے سحر کو محسوس کرنے اور اس کا حصہ بننے کو جی چاہتا ہے۔ یہ عنصر ان کی تحریر میں بیان کی گئی تشبیہات اور استعاروں میں واضح عکساں ہے۔ انہوں نے اگر کسی گاؤں کی کہانی بیان کی ہے تو اس میں تشبیہات اور استعارے بھی اسی ماحول کی مطابقت سے رکھے ہیں۔

ان کی افسانے ایک ایسا طلسم کدہ ہیں جس کے سحر کو محسوس کرنے اور اس کا حصہ بننے کو جی چاہتا ہے۔

دیہی اور شہری دونوں زندگیاں ان کے زیر مشاہدہ رہیں۔ ان کی کمال فن تحریر کا ہی یہ خاصا ہے کہ جب دیہی زندگی کی لفظوں میں عکسبندی کی تو خالص دیہی زندگی کی سوندھی خوشبو محسوس ہونے لگی۔ جس کی اہم ترین مثال ان کا افسانہ "پانی کا درخت" ہے جو کہ انہوں نے نمک کے ان مزدوروں کے بارے میں لکھا ہے جن کے لیے میٹھا پانی نایاب ہو جاتا ہے۔

پانی کا درخت میں بانو چاہتے ہوئے بھی اپنے محبوب کے ساتھ نہیں رہ پاتی کیونکہ

گاؤں میں میٹھا پانی دستیاب نہیں ہوتا اور وہ اس شخص سے شادی کرنے کا ارادہ کر لیتی ہے جہاں میٹھا پانی دستیاب ہوتا ہے۔ اس افسانے میں پانی زندگی کی علامت نہیں ہے بلکہ خود ایک زندگی ہے اور اس کی عدم موجودگی موت ہے۔

"میں نے اس کے بالکل قریب آکر اسے دونوں شانوں سے پکڑ لیا اور غور سے اس کی آنکھوں کی طرف دیکھا۔ اس نے ایک لمحہ میری طرف دیکھ کر آنکھیں جھکا لیں۔ اس کی نگاہوں میں میری محبت سے انکار نہیں تھا بلکہ پانی کا اقرار تھا۔ میں نے آہستہ سے اس کے شانے چھوڑ دیے اور الگ ہو کے کھڑا ہو گیا۔ یکایک مجھے محسوس ہوا کہ محبت سچائی خلوص اور جذبے کی گہرائی کے ساتھ ساتھ تھوڑا پانی بھی مانگتی ہے۔ بانو کی جھکی ہوئی نگاہوں میں اک ایسے جانکسل شکایت کا گریز تھا جیسے وہ کہہ رہی ہو: جانتے ہو ہمارے گاؤں میں کہیں پانی نہیں ملتا۔ یہاں میں دو دو مہینے نہا نہیں سکتی۔

"مجھے اپنے آپ سے اپنے جسم سے نفرت ہو گئی ہے۔ بانو چپ چپ زمین پر چشمے کے کنارے بیٹھ گئی۔ میں اس تاریکی میں بھی اس کی آنکھوں کے اندر اس کی محبت کے خواب کو دیکھ سکتا تھا جو گندے بدبو دار جسموں پسوؤں، جوؤں اور کھٹملوں کی ماری غلیظ چیتھڑوں میں لپٹی ہوئی محبت نہ تھی۔ اس محبت سے نہائے ہوئے جسموں، دھلے ہوئے کپڑوں اور نئے لباس کی مہک آتی تھی۔ میں بالکل مجبور اور بے بس ہو کر ایک طرف بیٹھ گیا۔ رات کے دو بجے۔

"بانو اور میں۔ دونوں چپ چاپ کبھی ایسا سناٹا جیسے ساری دنیا کالی ہے کبھی ایسی خاموشی جیسے سارے آنسو سو گئے ہیں۔ چشمے کے کنارے بیٹھی ہوئی بانو آہستہ آہستہ گھڑے میں پانی بھرتی رہی۔ آہستہ آہستہ پانی گھڑے میں گرتا ہوا بانو سے باتیں کرتا رہا اس سے کچھ کہتا رہا، مجھ سے کچھ کہتا رہا۔ پانی کی باتیں انسان کی بہترین باتیں ہیں۔"

رومان، منظر نگاری، عشق و محبت اور المیہ، ان کے افسانون میں جابجا نظر آتے ہیں۔ "اندھا چھترپتی" کا کردار اپنی آنکھوں کا نور اس لیے رورو کر گنوا دیتا ہے کہ اس کی محبوبہ کا لالچی باپ اپنی بیٹی مکھنی کا رشتہ گاؤں کے نمبر دار سے طے کرلیتا ہے۔ یہ کہانی بھی اسی طبقاتی فرق کو بیان کرتی ہے جو آج بھی ہمارے معاشرے میں مروج ہے۔

بٹوارے کے موضوع پر لکھا گیا ناول "غدار" بیج ناتھ کا ایک ایسا قصہ ہے جسے اچانک پتہ چلتا ہے کہ ہندوستان دو حصوں میں تقسیم ہوچکا ہے۔ جسے محض اس لیے غدار قرار دیا جاتا ہے کہ وہ کسی کا قتل نہیں کرتا۔ اپنی حاملہ کتیا سے کہتا کہ وہ لوٹ جائے اسے انسان کچھ نہیں کریں گے کیونکہ اس کا نہ کوئی مذہب ہے اور نہ کوئی مسلک۔ یہ تمام معاملات انسان سے وابستہ ہیں۔ اس ناول میں انہوں اپنے لوگوں اور اپنی دھرتی سے بچھڑنے کے درد کو بیان کیا ہے۔

کرشن چندر کے تخلیق کردہ کردار ہمیشہ ظلم و بربریت کا مقابلہ کرتے نظر آتے ہیں۔ کسی بھی موضوع پر لکھی گئی ان کی کہانی میں اس بات کو شدت سے محسوس کیا جاسکتا ہے کہ وہ منظر نگاری کو کسی بھی طرح کہانی سے الگ نہیں کرتے۔

گو کہ انہوں نے کئی فلموں کے لیے بھی مکالمے لکھے مگر ان کی حقیقی پہچان افسانوں کی کتابیں اور ناول ہیں۔ جن کی تعداد لگ بھگ پچاس ہے۔ 'کالو بھنگی'، 'مہا لکشمی'، 'شکست' اور 'ایک گدھے کی سرگذشت' کافی مقبول ہوئے۔

کرشن چندر کو ترقی پسند ادیب کہا جاتا ہے کیونکہ انہوں نے اپنے افسانوں میں اس نکتے کو بارہا بیان کیا ہے۔ اپنے طویل مکالموں کی وجہ سے اردو ادب میں ان کی ایک الگ شناخت ہے۔ مگر ان کے مکالمے محض طویل ہی نہیں ہیں بلکہ زندگی سے بھرپور بھی ہیں۔ جو ہمیں زندگی کے اور بھی قریب لے آتے ہیں۔

***

کرشن چندر بحیثیت افسانہ نگار

ڈاکٹر دل پذیر

کرشن چندر کی شخصیت تعارف کی محتاج نہیں انھوں نے اردو فکشن کے سرمائے میں بیش ہا اضافے کئے۔ انکی زبان میں رس اور جادو ہے۔ گھلاوٹ، حلاوت اور بیاہے جانے ولی کیفیت ہے۔ انکی تخلیقات میں حسن کی لگن اور تڑپ، موج در موج اور انسان دوستی کوٹ کوٹ کر بھری ہوئی ہے۔ انکی شخصیت ایک بہت ہزار شیوہ ہے۔ جس کا بنیادی جوہر اسکی حسن پرستی اور حسن کاری ہے وہ نہ صرف ہندوستاں اور پاکستان میں مشہور ہیں بلکہ مشرق، جرمنی، روس اور دوسرے کئی ممالک میں بھیان کی تصانیف مشہور ہیں درد ہو یا طنز، رومانیت ہو یا حقیقت نگاریان کا قلم ہر موقع پر ایسی دلکش چال چلتا ہے جو بانکی بھی ہوتی ہے اور انوکھی بھی لیکن جو اسقدر سادہ اور خطرہ ہوتی ہے۔ جیسے صبح کے وقت چیڑیوں کی پرواز۔

کرشن چندر کا قلم بچپن سے ہی اپنے جوہر دکھانے کیلئے مچل رہا تھا۔ یہ جوہر انکو قدرت نے ہی عطا کیا تھا۔ اس کا ثبوت اُنھوں نے اپنی طالب علمی کے زمانے میں جو مظموں ماسٹر باقی رام پر لکھا تھا، اس سے مل جاتا ہے۔

کرشن چندر کا ایک مظمون ۲۱ مارچ ۱۹۳۸ء میں علامہ اقبال کی فضات پر دی ٹریبوں میں شائع ہوا قیام لاہور کے دوران کرشن چندر کے افسانوں کا اولین مجموعہ طسلم خیال

۱۹۳۹ء میں مکتبہ اردو لاہور سے شائع ہوا۔ جس میں کل بارہ افسانے ہی اور جس میں ان کا اشارہ افسانہ پُرقاں بھی شامل ہے۔ کرشن چندر کے افسانوں کا دوسرا مجموعہ نظارے کے عنوان سے جون ۱۹۴۸ء میں میں کتب خانہ ادبی دُنیا لاہور سے شائع ہوا یہ مجموعہ بھی بارہ افسانوں پر مشتعمل ہے جس میں ان کا مشہور افسانہ دو فرلانگ لمبی سڑک بھی شامل ہے۔ انکے اس مجموعے پر دیباچہ جلال الدین احمد پر ماہانہ ادب لاہور نے لکھا جو ستائیس صفحات پر مشتعمل ہے اس میں انھوں نے کرشن چندر کے ضمن کی اساسی خصوصیت بیان کی ہے۔

کل ملاکر کرشن چندر نے تقریباً چوبیس افسانوی مجموعے لکھے ہیں جن میں تقریباً دو سو سے زائد افسانے ہیں جو وقتاً فوقتاً مختلف رسائل واخبارات میں شائع ہوئے ہیں۔ انکے افسانوی مجموعے درج ذیل ہیں،،

طلسم خیال، نظارے، ہوائی قلعے، گھونگٹ میں گوری جلے، زندگی کے موڑ پر، نغمے کی موت، پرانے خدا، ان داتا، ہم وحشی ہیں، ٹوٹتے ہوئے ستارے، میں غنڈے، اجنتا سے آگے، ایک روپیہ ایک پھول، پولٹیس کی ڈالی، ہائیڈروجن بم کے بعد، دل کی کا دوست نیں، مسکرانے والیاں، سپنوں کا قیدی، مس نینی تال، دبواں پل، گلشن گلشن ڈھونڈا تجھ کو، آدھے گھنٹے کا خدا، الجھی لڑکی کالے بال شامل ہیں

کرشن چندر کا نام یقینی طور پر پریم چند کے بعد بڑے افسانہ نگاروں میں لیا جا سکتا ہے۔ کرشن چندر کی اہمیت اور اُنھوں نے اُردو ادب کو جو کچھ دیا اسکو اُردو کا کوئی بھی سنجیدہ قاری نظر انداز نہیں کر سکتا۔ کرشن چندر ایک سمندر رہیں۔ اُنھوں نے بہت لکھا اور جم کر لکھا۔ اُنھوں نے مختلف اسالیب میں لکھا۔ انکی زبان میں ایسا رس اور جادو ہے جو کسی اور افسانہ نگار کو نصیب نہیں ہوا۔ انکی زبان کی جذبات اور، روحانی ہمدردی حصرت پسندی،

بہتر سماج کی آرزو مندی اور انسان دوستی ایسے عناصر ہیں جو مل مل کر ایسی کائنات کی تخلیق کرتے ہیں جسکے بہت سے حصے اگر چہ وقت کی چھلنی سے چھن کر ناھید رار پائیں گے ان سے زیادہ کچھ حصے ایسے بھی ہیں جو موجود رہیں گے۔

مجموعی طور پر ہمیں انکے افسانوں میں رومان حقیقت کا ایک دلکش اے مزاح باریکی و فراووانی موجودہ سماج اور معاشی نظم قدرت کے دلکش نظاروں کی دلکش منظر کشی، غریب عوام سے ہمدردی، انتہائی ہمدردی کا جذبہ ملتا ہے، اس کے ساتھ میں ہمیں اُن کے افسانوں میں دلکش افر نگاری اور انسانی نغیات کا عمیق ترین معاملہ بھی بر درجہ اتم ملتا ہے۔ کرشن چندر نے اپنے افسانوں میں ضن کے بہت سے پہلو برتے ہیں اُنھوں نے مختلف موضوعات پر لکھا اور تکنیک میں بھی طرح طرح کے تجربے کئے ہیں۔

مجموعی طور پر ہمیںٔ انکے افسانوں میں رومان حقیقت کا ایک دلکش امتزاج باریکی و فراونی موجودہ سماج اور معاشی نظام قدرت کے دلکش نظاروں کی دلکش منظر کشی غریب عوام سے ہمدردی، انتہائی ہمدردی کا جذبہ ملتا ہے۔ اسکے ساتھ ساتھ ہمیں اُن کے افسانوں میں دلکش رمیزیہ نگاری اور انسانی نفسیات کا عمیق ترین مطالعہ بھی بدرجہ اتم ملتا ہے۔

کرشن چندر کے افسانوں کی سب سے بڑی خوبہ حقیقت نگاری ہے۔ زندگی کی حقیقت کو جسطرح اُنھوں نے سمجھا ویسا ہی اُنھوں نے اپنے افسانوں میں پیش کیا ہے۔ اُنکو اپنے خیالات کے اظہار کے لئے موزوں الفاظ اور موثر اندازِ بیاں با آسانی مل جاتا ہے۔ یہ انکے زبان و بیان کی وددرت کی دین ہے۔ جو قارتی کے زوق جمال کی تسکین کا باعث بنتی ہے۔ اور خود کرشن چندر کی تحریروں میں تازگی شگفتگی رہنمائی دلکشی اور مزرت پیدا کرتی ہے۔ ان کا اسلوب غنائی ہے۔ انکے تشبیہ و اسقارات انکے اشارے دکھائے اور انکے ساتھ ساتھ ھندی الفاظ کا استعمال ماحول کی مناسبت جمال و جلال جوش وولولے کا اظہار اور

سبک روئی، انکی کہانیوں کے اثر کو بڑھا دیتے ہیں۔ جزئیات نگاری انکے ضن کے لوازمات میں ضرور شامل ہے۔ لیکن جزئیات نگاری جب حد سے تجاوز کر جائے تو اسلوب عیب بن جاتی ہے۔

کرشن چندر کے افسانوں کے افسانوں کی ایک خوبیان کا طنزیہ اور مزاحیہ انداز بیاں بھی ہے، جس کی پس پردہ فرقہ ورایت اور لسانی وصوبائی جگھڑوں کی طرف نہایت لطیف اور واضع اشارہ کرتے ہیں۔ اُنھوں نے سماج کو ہمیشی سے ہی لعن طعن کا نشانہ بنا رکھا ہے، کرشن چندر پریم چند پر جہد بشہ غم و غصہ اور غمیض وغضب کی کیفیت طاری ہو جاتہ ہے۔تب یہ طنز اور نکھر جاتا ہے انکے طنز پر افسانوں میں "دو فرلانگ لمبی سڑک،، " زندگی کے موڑ پر-،، " ان داتا، ، "اردو کا نیا قائدہ،، " مہا لکشمی کا پُل،، "اجنتا کے آگے،، "ہم وحشی ہیں،، " ایک گرجا ایک خندق،، " الٹا درخت،، " قحط اگائو اور بگوان کی آمد،، وغیرہ خصوصیت کے ساتھ قابلِ ذکر ہیں۔

کرشن چندر کے اکثر افسانوں میں گہری افسانویت اور علامت پائی جاتی ہے جس کا استعمال وہ اپنے افسانوں میں ایسی چابک دستی سے کرتے ہیں کہ افسانوں میں ابہام کی کیفیت پیدا ہونے کے بجائے افسانے کے حسن اور اس کی رنگینی میں اضافہ ہو جاتا ہے اس کے بعد کے افسانے مثلاً نغمے کی موت، فرنگ چڑیا، شعلہ بے درد وغیرہ میں اشاریت علامت بدرجہ اتم پائی جاتی ہے انھیں اپنے موضوع پر اتنا عبور حاصل تھا کہ دیکھنے میں غیر مربوط ٹکڑوں کو جوڑ کر ایک مربوط کہانی کی تخلیق کر دیتے ہیں اور تخلیق میں تفصیلات اور جزیات نگاری کے ذریعہ اپنے افسانوں میں دل چسپی برقرار رکھتے ہیں موضوع کے لئے کرشن چندر کو بھٹکنا نہیں پڑتا تھا وہ اپنے ارد گرد کے ماحول سے اور چھوٹے چھوٹے واقعات کو ذہن میں رکھ کر اپنے افسانوں کا موضوع تیار کر لیتے تھے وہ کسی بھی موضوع کو

لے کر افسانوں کو خوبصورتی کے ساتھ جنم دیتے تھے۔

کرشن چندر نے اپنا بچپن، لڑکپن اور جوانی کا ایک حصہ کشمیر کی سرزمین میں گذارا ہے اس وجہ سے ان کیا فسانوں میں منظر نگاری کی بڑی اہمیت ہے وہ کشمیر جہاں قدرت ہمیشہ مہربان رہی ہے اور جسے دنا کی جنت قرار دیا گیا ہے انسان وہاں رہے اور اس کی فطری خوبصورتی سے متاثر نہ ہو یہ نہ ممکن ہے۔ فطرت نے کشمیر کو بے پناہ حسن سے مالا مال کیا ہے کرشن چندر بھی وہاں کی جھیل، ابشار کوہسار، خوبصورت عورتیں، شفق کی سرکی، زعفران کے کھیت وغیرہ سے حد درجہ متاثر ہوئے اور انہوں نے اپنے بیشتر افسانوں میں وہاں کے منظر کو جگہ دی ہے وادیِ کشمیر کے متعلق ان کی منظر نگاری اردو ادب کی جان ہے کرشن چندر کو منظر نگاری میں مہارت حاصل ہے اور ان کا مشاہدہ منظر نگاری میں بہت تیز ہے اور ان کی باریک بینی کی وجہ سے مکمل نقشہ سامنے آجاتا ہے منظر نگاری میں ان کا کوئی ہمسر نہیں ہے ان کی منظر نگاری کو پڑھ کر دل میں فرحت محسوس ہوتی ہے اور روح میں بالیدگی پیدا ہوتی ہے اور بے اختیار منہ سے کلمۂ تحسین نکل جاتا ہے۔

کرشن چندر کے افسانوں کو پڑھنے سے یہ اندازہ بخوبی ہو جاتا ہے کہ وہ لوگوں کے دماغوں سے زیادہ ان کے دلوں کو ٹٹولنے اور سمجھنے کے عادی ہیں وہ دنا کے ظلم ستم کے خلاف بر سرِ پیکار ہونا چاہتے ہیں انہوں نے اپنے افسانوں مین جملہ انسان دشمنوں کے خلاف بغاوت کا علان کیا ہے ان کے افسانوں میں تکنیک کا انوکھا پن چھپا ہوا ہے اکثر افسانوں میں پلاٹ نہیں ہوتا اس فنی تجزیہ میں وہ کامیاب ہوئے وہ ہمیشہ سوچی سمجھی سکیم کے تحت لکھتے تھے ایسا لگتا ہے کہ جیسے ان کے بیشتر افسانوں کے پلاٹ ان کا دل نہین بلکہ دماغ تیار کرتا ہے ان کے افسانوں کی خوبی یہ ہے کہ وہ زندگی کے احساس اور وجود کو پلاٹ

سے زیادہ اہم تصور کرتے ہیں۔

کرشن چندر کے قلم میں وہ طاقت تھی کہ جس طرف بھی چلتی موتیوں کی لڑی پرع دیتی تھی" جرااور جری،، میں انہوں نے گائوں کے ماحول کو پیش کیا ہے اور وہ بھی خاص کر وادیِ پونچھ کے گائوں کا جہاں انہوں نے اپنی زندگی کا بیشتر حصہ گذارا وہ زندگی بھر ان حسین لمحوں کو نہیں بھول پائے جو انہوں نے اس جگہ گذارے اپنے اس رومانی افسانے میں انہوں نے پونچھ کے سچے محبت کرنے والوں کی ایسی کہانی بیان کی ہے جس کا اختتام خوشی پر اور محبت کی کامیابی پر ہوتا ہے چونکہ کرشن چندر نے اپنا لڑکپن اور جوانی کشمیر جنتِ بینظیر میں گذارا تھا اور وہاں کی فضا کی دلکشی، رنگینی اور رعنائی نے ان کے ذہن پر گہرے نقوش چھوڑے تھے جو آخری دم تک ان کے فن میں رہ کر ابھرتے ہیں اور ان کی تخلیقات کے حسن کو دوبالا کرتے ہیں۔

***

کرشن چندر کا افسانہ بھگت رام:

ایک تنقیدی جائزہ

محمد ہلال عالم

کرشن چندر کا نام یقینی طور پر پریم چند کے بعد بڑے افسانہ نگاروں میں لیا جا سکتا ہے۔ کرشن چندر کی اہمیت کو اردو کا کوئی بھی سنجیدہ قاری نظر انداز نہیں کر سکتا۔ اُنہوں نے بہت لکھا اور جم کر لکھا۔ کرشن چندر کے افسانوں میں رومان حقیقت کا ایک دلکش انداز نظر آتا ہے۔ موجودہ سماج اور معاشی نظام قدرت کے دلکش نظاروں کی دلکش منظر کشی، غریب عوام سے ہمدردی ملتی ہے۔ کرشن چندر کے افسانوں کی سب سے بڑی خوبی حقیقت نگاری ہے۔ کرشن چندر کی افسانہ نگاری کی خوبیوں کو بیان کرتے ہوئے اردو کے معروف ناقد گوپی چند نارنگ کہتے ہیں کہ

"کرشن چندر اردو افسانے کی روایت کا ایک ایسا لائق احترام نام ہے جو ذہنوں میں برابر سوال اٹھاتا رہے گا۔

اُن کے معاصرین میں سعادت حسن منٹو اور راجندر سنگھ بیدی بے حد اہم نام ہیں۔ یہ حقیقت ہے کہ کرشن چندر

۱۹۵۵-۱۹۶۰ تک اپنا بہترین ادب تخلیق کر چکے تھے۔ اُن کا نام پریم چند کے بعد

تین بڑے افسانہ نگاروں

میں آئے گا۔"(۱)

کرشن چندر کے افسانوں کو سامنے رکھتے ہوئے بلاشبہ یہ کہا جا سکتا ہے کہ وہ نہ صرف محبت کے جذبے اور احساس کو پورے انہاک اور حساسیت کے ساتھ اپنی کہانیوں میں پیش کرتے تھے بلکہ سماجی برائیوں کو بھی انتہائی کامیابی کے ساتھ قارئین کے سامنے رکھتے تھے۔ کرشن چندر ترقی پسند تحریک سے وابستہ تھے۔ اور اسی وجہ سے عام لوگوں کے حق کی بات کیا کرتے تھے۔ اُن کے دل میں امیروں کے تئیں بغاوت اور بدلے کا جذبہ تھا۔

بھگت رام کرشن چندر کا مشہور افسانہ ہے۔ اس افسانے میں کرشن چندر نے بھگت رام کے کردار کے ذریعے سماج کے اُن پہلوؤں کو اجاگر کیا ہے جو کہ اونچ نیچ کے بندھنوں میں جکڑا ہوا ہے۔

اس افسانے کی شروعات بچے کے بائیں ہاتھ کی انگلیوں کو اپنے دانتوں تلے داب کر کاٹ دینے کے واقعے سے کی گئی ہے۔ جس کے ہاتھ میں کاٹا گیا اس نے غصے میں بچے کے دو تین طمانچے جڑ دیئے تھے۔ ایسا کرنے پر اس کو اپنے بچپن کا ایک واقعہ یاد آتا ہے۔ اور وہ بھگت رام کا واقعہ تھا۔ جس کے ساتھ اس نے بھی یہی کام کیا تھا جو اس کے بچے نے کیا۔ لیکن اس کو بھگت رام نے طمانچے کی جگہ سیب اور الوچے دیئے تھے۔ اور یہ بھگت رام کے نیک طبیعت انسان ہونے کی دلیل کہی جاسکتی ہے۔

اس افسانے میں شعور کی رو کی تکنیک کے سہارے کہانی کو آگے بڑھانے کی اچھی کوشش کی گئی ہے۔ اور آپ بیتی کو ہو بہو اسی طرح سے پیش کیا گیا ہے جو واقعہ اس کے بچپن میں پیش آیا تھا۔ کوئی ردوبدل اس نے نہیں کی۔ جیسا اس نے بھگت رام کے بارے میں بچپن میں سوچا تھا یا دیکھا تھا ویسا ہی بڑے ہو کر لکھا۔ اپنے خیالات کو تبدیل نہیں کیا۔

کرشن چندر کی کہانی بھگت رام ایک ایسے انسان کی کہانی ہے جو بظاھر تو لفنگا، بدمعاش قسم کا انسان تھا، لیکن حقیقت میں وہ ایک نیک طبیعت اور نیک دل انسان تھا۔ افسانہ بھگت رام کی کہانی اس دور کی کہانی ہے جب جات پات، چھوا چھوٹ حاوی تھا۔ لالہ کانشی رام کے دو بھائی اور تھے ایک بانشی رام دوسرا بھگت رام۔ بھگت رام کا کردار کرشن چندر نے کچھ اس طرح سے بیان کیا ہے کہ

"یعنی کہ سخت لفنگا، آوارہ، بدمعاش تھا یہ شخص۔ نام تھا بھگت رام۔ لیکن دراصل یہ آدمی رام کا بھگت نہیں شیطان کا
بھگت تھا۔"(۲)

کرشن چندر کے افسانے بھگت رام کا مرکزی کردار بھگت رام سماج میں پھیلی ہوئی چھوا چھوت، جات پات کی بندشوں کو ختم کرتا ہوا نظر آتا ہے۔ اس افسانے میں اس کا گھراٹ پر کام کرنا اور ان لوگوں کو بھی آٹا پسوانے کی دعوت دینا جن کو منع کیا گیا تھا۔ یہ اس کی فراخ دلی تھی اور سماج میں اونچ نیچ کی بات کرنے والوں کے منہ پر طماچہ تھا۔ بھگت رام سماج میں رہنے والے ہر فرد کو ایک جیسا سمجھتا تھا۔ اس کی نظر میں نہ کوئی اونچی جات کا ہے اور نہ کوئی نیچی جات کا۔ سب برابر ہیں۔

کرشن چندر نے اس بات کو افسانے میں کچھ اس طرح سے بیان کیا ہے:-

"اس میں جو آئے آٹا پسا کر لے جائے۔ ان پتھروں کے دو پاٹوں میں دھرا ہی کیا ہے۔ اور یہ آخر اناج ہی تو ہے
جسے کتا بھی کھاتا ہے۔"(۳)

افسانہ بھگت رام سماج کے برادری واد کی بھی پول کھولتا ہوا نظر آتا ہے۔ ایسا سماج جو دوہرا نظریہ رکھتا ہے۔ سماج کا اصلی دشمن تو لوگوں کی نظر میں پاک صاف اور شریف

انسان ہے اور جو حقیقت میں اچّھا انسان ہے اس کو یہ سماج پسند نہیں کرتا۔ یوں کہئے کہ جو اونچی برادری یا پیسے والا ہے اس کو سب کچھ معاف ہے اور جو غریب یا نیچی جات کا ہے اس کی چھوٹی سی چھوٹی غلطی پکڑلی جاتی ہے اور سزا دی جاتی ہے۔ افسانہ میں رام دئی کو اس کی برادری کے لوگوں نے جات باہر کر دیا جو کہ اتنی قصوروار نہیں تھی جتنا کہ لالہ بانشی رام۔ لالہ بانشی رام کو لوگوں نے کچھ نہیں کہا۔ اس نے رام دئی کی عصمت سے کھلواڑ کیا اور پاک صاف بنا رہا۔ صرف چند ماہ گاؤں سے باہر چلے جانے سے اس کا گناہ معاف نہیں ہو سکتا۔ رام دئی کو اتنی بڑی سزا اور بانشی رام کو کچھ نہیں۔ یہ سماج کا دہرا پن ہے۔ اور برادری واد کو ہوا دینے جیسا ہے اور امیروں کا غریبوں پر ظلم ہے۔

بھگت رام کو ہر مذہب کے ماننے والے لوگ آوارہ اور شہدا سمجھتے تھے۔ گاؤں میں اس کی برائی گاؤں کی زندگی کا حصہ بن چکی تھی۔ یہاں تک کہ مائیں درس اخلاق دیتے وقت اس طرح سے کہا کرتی تھی:-

"دیکھو جی اگر کوئی برا کام کروگے تو تمہارا بھی وہی حال ہوگا جو بھگت رام کا ہوا ہے" (۴)

مطلب یہ کہ گاؤں کے لوگوں نے برائی کا نام ہی بھگت رام سمجھ کیا تھا۔ جیسے کہ گاؤں میں۔ کالے بچے کا نام کلو، حسین بچے کا نام بھورا رکھ دیتے ہیں۔ اسی طرح سے بھگت رام کا نام برائی کے مانند سمجھا جانے لگا۔

اس افسانے کا ایک کردار بانشی رام جو کہ اپنا دھرم چھوڑ کر گرونانک کے چلائے ہوئے پنتھ میں شامل ہو جاتا ہے۔ اس نے گرودوارہ بھی تعمیر کرایا اور نئے شہر سے ایک خوبصورت گرنتھی بلا کر اسے گاؤں میں سکھ مت کے پرچار کے لئے معمور کر دیا۔ بھگت رام کی طرح اس کو یہ سب کرنے پر کسی نے برادری سے خارج نہیں کیا اور حد تو یہ ہو گئی

کہ لالہ کانشی رام نے اس کو جائیداد سے بھی خارج نہیں کیا۔ مذہب تو بانشی رام نے بھی بدلہ تھا اور بھگت رام نے بھی مذہب بدلہ۔ لیکن سزا ملی صرف بھگت رام کو۔ کیا یہ اس گاؤں کے لوگوں کا دوہرا رویہ نہیں تھا؟ کوئی مذہب تبدیل کرکے گرنتھی بلا کر سکھ مت کا پرچار کر کے بھی گاؤں میں باعزت سمجھا جاتا ہے۔ تو کوئی مسلمان بن کر اذان دینے کی وجہ سے بے عزت کیا جاتا ہے۔

بھگت رام رحم دل انسان تھا۔ اس کی بہترین مثال بھیڑ کے وہ بچے ہیں جو لہروں کی گود میں سمائے جاتے تھے۔ لیکن بھگت رام کی ایک نظر پڑی اور اس کا رحم دل انسان جاگ اٹھا اور وہ بغیر کسی پرواہ کے ندی کی طوفانی لہروں میں کود پڑا۔ یہ الگ بات تھی کہ وہ ان بچوں کو بچا نہیں سکا اور اسی کوشش میں اس نے اپنی جان دے دی۔ اس سے ہم کو بھگت رام کے رحم دل انسان ہونے کا پتا چلتا ہے۔

کرشن چندر نے افسانے میں اس واقعے کو اس طرح سے بیان کیا ہے:۔

" یکایک اس نے اپنے کنارے کے قریب بھیڑ کے تین چار بچوں کو دیکھا جو ان ہلاکت آفریں لہروں کی گود میں

خوفزدہ آواز میں با آبا آ کہتے ہوئے بہتے چلے آرہے تھے۔ ایک لحمہ کے لئے بھگت رام نے ان کی طرف دیکھا۔

دوسرے لحمہ میں وہ ندی کی طوفانی لہروں کی آغوش میں تھا اور بھیڑ کے بچوں کو بچانے کی ناکام سعی کر رہا تھا۔ اسی

کوشش میں اس نے اپنی جان بھی دے دی۔"(۵)

بھگت رام کے مرنے کے بعد اس کے بھائیوں کا سلوک سماج کو دکھانے کے لئے تھا یا رام دئی جو کہ جات سے چمار ہے اس سے بھگت رام کا کریا کرم کرانے سے بچانے کے

لیے تھا۔ کیوں کہ اگر اس کے بھائی بھگت رام کی آخری رسم نہیں کرتے تو ہو سکتا ہے کہ رام دئی اس کی آخری رسم کرتی یا کرواتی۔ جو کہ ان لوگوں کے لیے شرمندگی کا باعث بن سکتا تھا۔ میرے خیال سے یہاں پر بھی اس کے بھائی جات پات کی وجہ سے یہ سب کرنے کو مجبور ہوئے ہوں گے۔

غرضیکہ کرشن چندر کا افسانہ بھگت رام اس سماج کے لئے آئینہ ہے جو کہ لوگوں کو جات پات میں تقسیم کرتے ہیں۔ اور امیر غریب میں فرق پیدا کرتے ہیں۔ لوگوں کے اوپر ظلم کرتے ہیں، اور اس ظلم کو لوگ خاموشی سے دیکھتے ہیں، کوئی بھی اس کو روکنے کی کوشش نہیں کرتا۔ بھگت رام کے ذریعے ہم کو یہ احساس ہونا چاہیے کہ چاہیں کتنی بھی مشکلات کا سامنا کرنا پڑے، ہمیشہ خوش رہنا چاہیے اور انسان دوستی کا خیال رکھنا چاہیے۔ بھگت رام کو جائید اد سے بے دخل کیا گیا لیکن اس نے کبھی معاشی تنگی کا سامنا نہیں کیا۔ وہ ہر چھوٹا بڑا کام کر کے اپنا گھر بار چلا لیتا تھا۔ کرشن چندر نے یہی سب اس افسانے بھگت رام کے کردار کے ذریعے پیش کرنے کی کوشش کی ہے۔ اور ترقی پسند تحریک کا نظریہ بیان کیا ہے۔

حوالہ جات:

۱۔ افسانہ بیسویں صدی میں۔ از مہدی جعفر۔ صفحہ۔ ۱۳۹

۲۔ ان داتا، کرشن چندر، صفحہ۔ ۷۹

۳۔ ان داتا، کرشن چندر، صفحہ۔ ۱۰۰

۴۔ ان داتا، کرشن چندر، صفحہ۔ ۱۱۱

۵۔ ان داتا، کرشن چندر، صفحہ۔ ۱۱۱

***

کرشن چندر کی افسانہ نگاری

ڈاکٹر فیض الرحمن

کرشن چندر کرشن چندر پر اگر ان کی رومانیت اور ان کے افسانوں کی بے حد دل کش اور تخلیقی فضا کا خیال رکھیں تو موپساں کا اثر ہے اگر ان کی سماجی حقیقت نگاری کو پیش نظر رکھا جائے تو وہ چیخوف سے متاثر ہیں لیکن زیادہ صحیح بات یہ ہے کہ ان پر مختلف لوگوں کا اثر ہے۔

بقول ممتاز شیریں:

کرشن چندر نے کسی ایک مغربی ادب یا کسی خاص طرز تحریر کا اثر یوں تو قبول نہیں کیا کہ وہ ان کی روح کی گہرائیوں میں اتر گئی ہو بلکہ انہوں نے وقتی طور پر مختلف طرز تحریر اور مختلف مغربی رجحانات سے دلچسپی لی۔"

کرشن چندر اردو کے واحد افسانہ نگار ہیں جو بین الاقوامی شہرت کے حامل تھے اور ہر طرح کے رجحانات و میلانات اور نئی تکنیکوں پر سب سے پہلے طبع آزمائی کرتے تھے۔ یہی وجہ ہے کہ نئی تکنیکیں ان کے لئے کھیل سی بن گئی تھیں کرشن چندر کی اس خوبی اور مہارت کا اعتراف کرتے ہوئے فکشن کی معروف و مشہور نقادیوں رقمطراز ہیں:

کرشن چندر کے پاس ذہانت تھی کسی چیز کا فوری اثر قبول کر لینے والا مزاج، ایک زود نویس، تیز رفتار قلم، چلتی ہوئی رنگین زبان، جس سے انہیں اظہار میں کوئی مشکل نہ ہوتی

تھی۔"

آگے شیریں ان کے ابتدائی افسانوں اور مغربی افسانوں سے مشابہ تجربوں کے بارے میں اس کی اہم تخلیقات کے حوالے سے لکھتی ہیں:

یوں تو کرشن چندر کا "حسن وحیوان" بھی چیخوف کے Stappe The کی طرز پر لکھا گیا ہے اور کافی کامیاب کوشش ہے اس زمانے میں جب کرشن چندر نے پہلے پہل لکھنا شروع کیا تھا اور جو ہمارے نئے ادب کا اور اردو کی افسانہ کا ابتدائی زمانہ تھا کرشن چندر نے مغربی افسانہ سے متاثر ہو کر کئی ایک نئے تجربے کئے بلکہ ان کا ہر افسانہ ایک نیا تجربہ ہوتا تھا اس میں کوئی شک نہیں کہ اس دور میں کرشن چندر نے بعض بہت اچھے افسانے لکھے۔"

کرشن چندر نے علامتی اور تمثیلی کہانیاں بھی تحریر کی ہیں لیکن ان کی علامتی و تمثیلی کہانیاں سریندر پرکاش اور رشید امجد جیسی نہیں ہیں اس لئے ان کے یہاں کوئی مکمل علامتی افسانہ نہیں ملتا۔یعنی کسی بھی افسانے کا پورا انتظام علامتی نہیں ہے بلکہ کسی موضوع، کردار، منظر نامے یا فضا آفرینی کے تقاضے کے تحت وہ علامتوں کا استعمال کرتے ہیں لیکن یہ علامتی عنصر کہانی کے دوسرے اجزا پر حاوی نہیں ہونے پات۔

بلکہ ان سے دبا دبا سا رہتا ہے جیسے فطرت خصوصاً کشمیر کے مناظر فطرت کی مصوری کرتے وقت جنگل برف پوش پہاڑیاں، سبزہ زار، پھولوں سے بھری وادیاں اور جھیلیں وغیرہ زمانہ قدیم کی معصوم، سادہ لوح اور پاکیزہ زندگی کی علامت بن جاتے ہیں۔

زندگی کے دیگر حقائق بھی علامتوں کے ذریعہ پیش کئے گئے ہیں علامتی و تمثیلی افسانوں کے ضمن میں "غالیچہ" "پانی کا درخت" "دو فرلانگ" لمبی سڑک "ٹوٹے ہوئے تارے، اور کالا سورج" وغیرہ قابل ذکر ہیں۔ مذکورہ افسانوں پر کافکا کے اثرات کی

نشاندہی کی جاسکتی ہے۔ ان افسانوں کے علاوہ حسن و حیوان، نغمہ کی موت، اور زندگی کے موڑ پر وغیرہ میں بھی کافکا کے اثرات دیکھے جاسکتے ہیں لیکن کافکا کی طرح مذکورہ افسانوں کا پورا نظام علامتی نہیں ہے بلکہ یہ ایسے فنکار ہیں۔

جن کا دل انسانی دوستی سے بھرا ہونے کی وجہ سے اپنے گردو پیش کی زندگی میں ہونے والی لوٹ کھسوٹ اور استحصال کو دیکھ کر متاثر ہوتے ہیں اور افسانے میں ایک علامتی فضا کی تشکیل کر لیتے ہیں جو ان کی زندگی کی معنویت اور فرد کی اہمیت کو واضح کرتا ہے۔ جیسا کہ ان کے افسانے "غالیچہ" اور پانی کا درخت میں علامتی فضا میں اور تکنیک ان کو کافکا کے قریب کر کے زندگی کی معنویت کی تشریح کرتی ہیں۔ اس طرح دو فرلانگ لمبی سڑک میں سڑک اپنے اوپر سے گزرتے ہوئے ہر شخص کی انفرادیت کو دیکھتی ہے کیونکہ سڑک کے اوپر سے غریب، امیر، مزدور عورتیں اور مرد بھی گذرتے ہیں۔

اور سماج کے ظلم کا شکار بنتے ہیں زندگی میں ایسی بے حسی چھائی ہوتی ہے کہ نوجوان امید بھری نظروں سے اس بے جان سڑک کو دیکھتے ہیں چنانچہ کرشن چندر کے یہاں یہ سڑک انسانی بے حسی، معاشرے و زمانے کے استحصال اور انسانی ضمیر کی علامت بن جاتی ہے۔

کرشن چندر نے مغربی افسانوں سے متاثر ہو کر اردو میں ایک زود نویس اور تیز رفتار افسانہ نگاروں کی طرح افسانے تخلیق کئے ہیں جیسا کہ ممتاز شیریں "عالیہ" کے حوالے سے ایک جگہ یوں رقمطراز ہیں: انہوں نے عالیہ میں پر اسراری رمزیت پیدا کرنے کی کوشش کی ہے جس میں کچھ تو ایڈگر ایلن پو پر اسرار افسانوں مثلاً the Pendulum Pit and کی کی زہنی اذیت کی پیش کش تھی اور کچھ کافکا کے انداز کو اپنانے کی کوشش۔

***

کرشن چندر کا فکشن: ایک جائزہ

معین الدین

کرشن چندر اردو فکشن کی ممتاز شخصیت ہیں۔ جس میں ان کی افسانہ نگاری اور ناول نگاری ایک سنگ میل کی حیثیت رکھتی ہے۔ چونکہ کرشن چندر نے پنجاب اور کشمیر کی آب و ہوا میں ہوش سنبھالا اس لئے ان کے اکثر افسانوں اور ناولوں میں رومانیت کا عنصر زیادہ دیکھنے کو ملتا ہے۔ لیکن دھیرے دھیرے جب ان کے ذہن نے پختگی اختیار کی اور سماجی معاملات سے ان کا سابقہ پڑا تو تحریری لہجے میں بھی تبدیلی دیکھنے کو ملی اور اس میں حقیقت پسندی کے ساتھ ساتھ طنز کا عنصر بھی شامل ہوتا چلا گیا۔ کرشن چندر کی تحریریں لاجواب اور عام لوگوں سے جڑی ہوئی ہوتی ہیں اس لئے ان کو پڑھتے ہوئے کبھی اجنبیت کا احساس نہیں ہوتا۔

کرشن چندر نے مختلف اصناف ادب کو اپنی توجہ کا مرکز بنایا۔ انہوں نے افسانہ، ناول، ڈرامہ اور رپوتاژ کے دوش بدوش طنز و مزاح کو بھی اپنے فن کا حصہ بنایا۔ کرشن چندر کی اصل شناخت اور پہچان اردو فکشن نگار کی حیثیت سے ہوئی۔ کرشن چندر صرف تخلیق کار ہی نہ تھے بلکہ مفکر و دانشور بھی تھے، اشتراکیت کے علمبردار بھی تھے، انجمن ترقی پسند مصنّفین کے ایک اہم رکن اور جنرل سکریٹری بھی تھے۔ انہوں نے ترقی پسند تحریک کے لئے بہت کچھ لکھا۔ ترقی پسند تحریک کا اثر ان کے ناولوں اور افسانوں میں

صاف طور پر دیکھا جا سکتا ہے۔

ان کے ناولوں میں ان کے عہد کے مختلف سماجی، سیاسی، اقتصادی مسائل کا عکس اور اس کا شعور دیکھنے کو ملتا ہے۔ ایک ناول نگار کی حیثیت سے پریم چندر کے بعد شاید ہی کوئی ان کی شہرت کا ہم پلہ ہو۔ کرشن چندر عوام دوست اور مظلومین کے مسیحا اور ظلم وناانصافی کے دشمن تھے۔ انہوں نے اس دور کے معاشی، سیاسی اور سماجی صورت حال کی خامیوں، مثلاً بیجا رسم وروایات کے ساتھ ساتھ مذہبی تعصبات، آمرانہ نظام اور تیزی سے اُبھرتے ہوئے دولت مند طبقہ کے منفی رویے وغیرہ جیسے موضوعات کو بھی اپنی تخلیقات میں شامل کیا۔ حقیقت تو یہ ہے کہ آخر میں تحریر کئے گئے ان کے زیادہ تر افسانوں میں زندگی کے اعلیٰ معیار اور اس کے اقدار پر بحث کی گئی ہے۔ غالباً یہی وجہ ہے کہ انہیں پڑھنے اور پسند کرنے والوں کی تعداد بہت زیادہ ہے۔ ان کی کئی تخلیقات مثلاً 'کالو بھنگی'، 'مہالکشمی کا پل' اور 'ایک گدھے کی سرگزشت' وغیرہ قارئین کے ذہن میں اچھی خاصی جگہ بنا لیتی ہیں اور بار بار پڑھے جانے کے باوجود انہیں دوبارہ پڑھنے کے لئے مجبور کرتی ہیں۔ دوسرے الفاظ میں کہا جائے تو ان تخلیقات نے لازوال شکل اختیار کرلی ہے۔ کرشن چندر اپنے ہمعصر افسانہ نگاروں میں کافی مختلف تھے۔ کرشن چندر کو زبان اردو پر جو عبور حاصل تھا وہ شاید دوسروں کا مقدر نہیں۔ ان کی خوبصورت زبان قاری کو آغاز میں ہی اپنے قبضے میں لے لیتی ہے اور افسانہ کے آخر تک اس سے باہر نکلنے کا موقع نہیں دیتی۔ کرشن چندر نے اپنے تقریباً چالیس سالہ ادبی سفر میں تین سو سے زیادہ افسانے، پینتالیس ناول، کئی ریڈیائی ڈرامے، اسٹیج ڈرامے، بچوں کا ادب، طنزیہ ومزاحیہ افسانے اور ناول لکھے ہیں۔

کرشن چندر کی خوبیوں کے معترف اردو کے معروف ناقد گوپی چند نارنگ بھی ہیں۔

وہ کہتے ہیں کہ:

"سعادت حسن منٹو یا راجندر سنگھ بیدی اردو تنقید کے لئے اس طرح سوالیہ نشان نہیں ہیں جس طرح کرشن چندر اردو تنقید کے لئے سوالیہ نشان ہیں۔ اردو کی افسانوی روایت کا یہ وہ منطقہ ہے جس کی تعیین قدر کے بارے میں بحث و تمحیص جاری رہے گی اور برابر لکھا جاتا رہے گا" (کرشن چندر شخصیت اور فن: صفحہ ۱۳)۔

کرشن چندر کے افسانوں کو مد نظر رکھتے ہوئے بلا مبالغہ اس بات کا اعتراف کیا جا سکتا ہے کہ وہ نہ صرف محبت کے جذبہ اور احساس کو پورے انہماک اور حساسیت کے ساتھ اپنی کہانیوں میں پیش کرتے تھے بلکہ سماجی برائیوں کو بھی انتہائی کامیابی کے ساتھ قارئین کے سامنے رکھتے تھے۔ وہ ترقی پسند تحریک سے وابستہ تھے اور اسی لئے عام انسان کے حقوق کی بات کرتے تھے۔ ان کے دل میں امیروں کے تئیں بغاوت اور بدلے کا جذبہ تھا۔

ابتدائی دور میں کرشن چندر کے افسانے رومانیت زدہ نظر آتے ہیں، جس میں وہ حسن و عشق کی داستان اپنے حسین اور دلچسپ انداز میں بیان کرتے ہیں۔ لیکن جوں جوں ان کا سماجی شعور بیدار ہوتا گیا، وہ رومانیت سے قدرے دور ہوتے ہوئے حقیقت نگاری اور زندگی اور اس کے اسرار و رموز کو اپنے تمام تر احساسات و جذبات کے ساتھ فن کی بھٹی میں تپاکر افسانوی قالب میں پیش کرنے لگے۔ کرشن چندر کے ساتھ اردو افسانہ رومانیت کے چنگل سے نکلا اور حقیقت نگاری کی حدود میں داخل ہوا۔ اس نئی روایت میں رنگی ہوئی ان کی حقیقت نگاری پورے عہد کو اپنے ساتھ بہالے گئی۔

کرشن چندر کی فکشن نگاری کا زمانہ ۱۹۳۶ء کے ابتدائی دور سے شروع ہوتا ہے پھر ۱۹۴۷ء کے فسادات ہوتے ہیں۔ اس کے بعد اردو افسانہ اس طرز احساس اور اسلوب بیان

سے اکتا کر نئے رجحانات سے آشنا ہوتا نظر آتا ہے۔ مگر سچی بات یہ ہے کہ اردو افسانے میں نئے رجحانات اور نئے اسالیب کے عمل دخل کے باوجود کرشن چندر کے رنگ میں لکھا جانے والا افسانہ آج بھی اثر رکھتا ہے۔ کرشن چندر کی رومانیت اپنے عہد کے مزاج سے نکلی تھی۔ مگر انہوں نے اپنے زور تخلیق سے اس میں اتنی توانائی پیدا کی کہ وہ اگلے عہد تک چلی اور اس پر اثر انداز ہوئی۔ انہوں نے "بالکونی' دل کسی کا دوست نہیں، نغمے کی موت، گل دان، چینی پنکھا، پالنا، جہلم میں ناؤ پر، سرخ پھول میں، اور گرجن کی ایک شام" وغیرہ جیسے افسانے لکھے، جن میں ان کا جمالیاتی حِس اور رومانیت پوری طرح نظر آتی ہے۔ کرشن چندر کی تصنیفات ہندوستانی ادب کے لئے ایک خاص اہمیت رکھتی ہیں، عہد حاضر میں بھی ان کی کہانیاں قاری کو ترغیب دینے کا کام انجام دے رہی ہیں۔

کرشن چندر پر ان کے زمانے سے لیکر آج تک لکھا جارہا ہے اور ان پر بہت سارا تحقیقی کام بھی ہو چکا ہے۔ بہت سے نقادوں نے کرشن چندر کے فکر و فن پر معیاری اور طویل مضامین لکھے اور کرشن چندر کی حیثیت کو متعین کرنے کی کوشش کی ہے۔ بہت سے لکھنے والوں نے کرشن چندر کا شمار رومانیت پسند افسانہ نگاروں میں کیا اور اسی کو ان کی سب سے بڑی خصوصیت بتایا ہے۔ تو کسی نے ان کو حقیقت پسند افسانہ نگار کہا۔ کیونکہ ان کے افسانوں میں حقیقت نگاری بھی نظر آتی ہے۔ کرشن چندر کے ناقدین ان کو اپنی اپنی نظروں سے دیکھتے ہیں۔ کرشن چندر کے فکری اور فنی محرکات اور شخصیت پر اچھا خاصہ لکھا جا چکا ہے اور لکھا جارہا ہے۔ کچھ رسائل نے خصوصی شمارے اور گوشے ترتیب دیئے جن میں چند معروف ادیبوں کے نام اس طرح ہیں جگدیش چندر ودھاون کی۔"کرشن چندر شخصیت اور فن"، پروفیسر سید شفیق احمد اشرفی کی "کرشن چندر شناسی: ناولوں اور دیگر تحریروں کی روشنی میں۔"ڈاکٹر مہ جبیں انجم کی ۔"کرشن چندر کی ناول نگاری

اور نسائی کردار"، ڈاکٹر عبد السلیم کی۔"کرشن چندر کی افسانہ نگاری"، ڈاکٹر انور شفیق اعظمی کی "کرشن چندر کے ناولوں میں سماجی شعور"، پروفیسر علی احمد فاطمی کی "کرشن چندر فکر وفن ،ڈاکٹر عبد السلام صدیقی کی" کرشن چندر کے ناولوں کا تنقیدی مطالعہ (سیاسی اور سماجی پس منظر میں)"،ڈاکٹر فخر الکریم کی مرتب شدہ "کرشن چندر افکار و نظریات"، محمد اویس قرنی کی "کرشن چندر کی ذہنی تشکیل"، محمد غیاث الدین کی "کرشن چندر کے افسانوں کا تنقیدی جائزہ"، ڈاکٹر اطہر پرویز کی "کرشن چندر اور ان کے افسانے"، جیلانی بانو کی "کرشن چندر ہندوستانی ادب کے معمار" وغیرہ جو دستاویز کی حیثیت رکھتے ہیں۔ ان سب کے علاوہ دیگر بہت سے تنقید نگاروں نے اپنی فکر و نظر سے کرشن چندر کو سمجھنے کی کوشش کی ہے۔

جگدیش چندر ودھاون نے 'کرشن چندر شخصیت اور فن' کے عنوان سے کرشن چندر کی شخصیت کے حوالے سے ایک ضخیم اور معنی خیز کتاب لکھی ہے جس میں انہوں نے کرشن چندر کی ہمہ جہت شخصیت پر تفصیل سے روشنی ڈالتے ہوئے ان کی زندگی کے مختلف پہلوئوں پر روشنی ڈالی ہے۔ اس کے ساتھ ہی انہوں نے اس کتاب میں کرشن چندر کے فن کے بارے میں تفصیلی گفتگو کی ہے اور ان کے بعض اہم نگارشات پر ناقدانہ بحث بھی کی ہے۔ کرشن چندر کی شخصیت کے تحت انہوں نے کرشن چندر کی حسن پرستی، عاشق مزاجی اور سلمیٰ صدیقی سے شادی کا بھی ذکر کیا ہے، ایک مخلص شوہر اور شفیق باپ کے طور پر ان کے کردار کی نقاب کشائی کی ہے، ایک بے بدل دوست، بے مثل مہمان نواز کے بطور ان کی شخصیت پر روشنی ڈالی ہے، ان کی فلسفیانہ زندگی، فلسفیانہ خیالات اور دوسرے ادیبوں کے تئیں انکے دل میں موجود نرم گوشے کے سلسلے میں بھی انہوں نے بہت کچھ لکھا ہے۔ اس کے ساتھ ہی انہوں نے کرشن چندر کی مقبولیت، سیاسی مسلک ،

مذہب کے بارے میں بھی تفصیلی گفتگو کی ہے۔ کرشن چندر کے فن پر تفصیلی روشنی ڈالتے ہوئے جگدیش چندر ودھاون رقم طراز ہیں:

"کرشن چندر اردو کے انتہائی مقبول اور معروف افسانہ نگار تھے۔ ان کو جو شہرت اور ناموری ملی وہ اردو کے کسی دیگر ادیب کے حصے میں نہیں آئی۔ منٹو اور بیدی ان کے ہم عصر اور ادبی لحاظ سے ان کے ہم پایہ افسانہ نگار تھے لیکن ان کو وہ شہرت نصیب نہ ہوئی، جو کرشن چندر کا مقدر ٹھہری۔ اسے سعادتِ خداوندی یا فضل ربانی ہی کہا جا سکتا ہے۔ کرشن چندر کے افسانوں کو صرف اردو داں اور ہندی داں طبقوں میں مقبولیت حاصل نہیں بلکہ ان کے فن کے پرستار بلالحاظ زبان برصغیر کے ہر خطے سے تعلق رکھتے ہیں۔ یہی وجہ ہے کہ ان کی تصانیف کے تراجم ہندوستان کی قریب قریب تمام زبانوں مثلاً گجراتی، بنگالی، اڑیا، آسامی، کشمیری، پنجابی، تامل، تیلگو وغیرہ میں ہوئے اور بے حد سراہے گئے"۔ (کرشن چندر شخصیت اور فن: صفحہ ۲۵۶)

اس کے علاوہ انہوں نے کرشن چندر کی رومانی حقیقت نگاری، کردار نگاری، ان کے شاہکار افسانوں، فرقہ وارانہ فسادات کے دوران لکھی گئی تحریروں، ناول نگاری اور طنز و مزاح پر بھی تفصیلی روشنی ڈالی ہے۔

پروفیسر سید شفیق احمد اشرفی نے اپنی کتاب 'کرشن چندر شناسی' میں کرشن چندر کی شخصیت اور فن کے مختلف گوشوں پر تفصیل سے روشنی ڈالی ہے۔ پروفیسر سید شفیق احمد اشرفی نے اپنی کتاب میں ترقی پسند تحریک، کرشن چندر کے نظریات و موضوعات پر روشنی ڈالنے کے ساتھ ساتھ کرشن چندر کے اہم ناولوں جیسے شکست، جب کھیت جاگے، باون پتے، ایک عورت ہزار دیوانے، آسمان روشن ہے اور دادر پل کے بچے پر تفصیلی بحث کی ہے۔ اس کے ساتھ ہی انہوں نے کرشن چندر کے ناولوں کا اجمالی جائزہ لیا ہے۔

کرشن چندر کے نظریات و موضوعات کے تعلق سے پروفیسر سید شفیق احمد اشرفی لکھتے ہیں:

"کرشن چندر مارکسی نظریات کے قائل ہیں۔ انہوں نے اپنے ناولوں میں انہیں نظریات کو پیش کیا ہے۔ جس وقت کرشن چندر نے ادبی دنیا میں قدم رکھا، اس وقت دنیا ایک نئے انقلاب سے دوچار ہو رہی تھی۔ انقلاب روس کے اثرات دیگر ممالک پر بھی پڑنے لگے تھے۔ جنگ کی وجہ سے دنیا کی اقتصادی حالت بگڑتی جا رہی تھی۔ افراط زر کی وجہ سے طبقاتی کشمکش بڑھتی جا رہی تھی۔ محنت کش طبقے میں جاگیردارانہ نظام اور سرمایہ داری کی مخالفت بڑھنے لگی تھی۔۔۔

ترقی پسند ہوتے ہوئے بھی وہ اشتراکیت کو انسانی معاشرے کی ترقی کی معراج نہیں سمجھتے۔ بلکہ ان کے خیال میں یہ صرف ایک ذریعہ ہے کیونکہ اقتصادی مسائل اور سماجی کشمکش سے لڑنے کے لئے اشتراکیت سب سے بڑا حربہ ہے۔ ان کے خیال میں انقلاب لانے سے پہلے عوام کو بیدار کرنا پڑے گا۔ ان کو ان کے حقوق و فرائض سے روشناس کرائے بغیر اقتصادی انقلاب آنا مشکل ہے اور جب تک اشتراکی اور اقتصادی انقلاب نہیں آئے گا اس وقت تک دنیا میں امن قائم ہونا مشکل ہے"۔) کرشن چندر شناسی: ناولوں اور دیگر تحریروں کی روشنی میں: صفحہ ۳۰-۳۱)

"کرشن چندر فکر و فن" پروفیسر علی احمد فاطمی کی ایک نادر تصنیف ہے جو انجمن ترقی اردو ہند کی جانب سے کرشن چندر کی صدی تقریبات کے موقع پر شائع کی گئی ہے۔ اس کتاب میں کرشن چندر کا فکری ارتقاء، رومان حقیقت، ان کے رپوتاژ، ان کی شاہکار تصنیف شکست، اردو کے پہلے اشتراکی ناول جب کھیت جاگے، بھگت رام اور آدھے گھنٹے کا خدا کا تجزیہ، کے علاوہ پروفیسر بیگ احساس کی کتاب کا تجزیہ بھی شامل ہے۔ ان کے

بقول:

"کرشن چندر کو پڑھ کر اندازہ ہوا کہ مشکل کہانیاں لکھنا آسان ہے اور آسان کہانی لکھنا زیادہ مشکل کام ہے۔ کرشن چندر کو پڑھ کر فطرت کے رازہائے پنہاں کسی حد تک آشکار ہوئے اور یہ احساس ہوا کہ فطرت صرف لطف لینے کی چیز نہیں بلکہ درس لینے کی بھی چیز ہے۔ رومان صرف جسم و جنس نہیں بلکہ احترام آدمیت بھی ہے۔ حقیقت صرف وہی نہیں ہوتی جو ظاہری سطح پر دکھائی دے، پیچیدہ حقیقت اور سفاک حقیقت کو کس حد تک آسان اور لطیف بنایا جاسکتا ہے۔ پرتیں کھلتی گئیں جہتیں آشکار ہوتی گئیں اور کرشن چندر عام افسانہ نگار کی صف سے اٹھ کر عظیم فنکار کے روپ میں سامنے آتے گئے"۔)کرشن چندر فکر و فن: صفحہ ۱۱-۱۲)

ڈاکٹر انور شفیق اعظمی نے اپنی کتاب، جو دراصل ان کا تحقیقی مقالہ ہے، "کرشن چندر کے ناولوں میں سماجی شعور" کے ذریعہ کرشن چندر کی تحریروں میں دیہی زندگی کے مسائل، خواتین کے مسائل، ہندوستانی سماج کی معاشی اور اقتصادی صورتحال کی عکاسی، طبقاتی کشمکش نیز قومی ہم آہنگی کے مسائل پر سیر حاصل بحث کی ہے۔ وہ لکھتے ہیں:

"یہ- صحیح ہے کہ کرشن چندر کے ناول فنی اعتبار سے کمزور ہیں اور حقیقت کے برعکس تخیلی باتیں مبالغہ آرائی اور خلاف قیاس واقعات کی تفصیل ان کے کسی نہ کسی ناول میں کہیں نہ کہیں ضرور مل جاتی ہے۔ لیکن جہاں تک سماجی مسائل کی عکاسی کا سوال ہے، کرشن چندر اس معاملہ میں اردو کے کسی بھی بڑے ناول نگار سے پیچھے نہیں ہیں بلکہ اردو ناول نگاری میں سماجی مسائل کی پیش کش کے اعتبار سے کرشن چندر نے بہت بڑا کارنامہ انجام دیا ہے۔ انہوں نے اپنے تمام ہی ناولوں میں سماج کے چھوٹے بڑے مسائل کو پیش کرتے ہوئے بڑی حقیقت شعارانہ فنکاری سے کام لیا ہے۔

ان کے اکثر ناول سماجی زندگی کے مکمل ترجمان ہیں۔ انہوں نے تقریباً اپنے ہر ناول میں کسی نہ کسی زاویئے سے معاشرتی حالات کی عکاسی ضرور کی ہے۔ انہوں نے اپنے ناولوں میں ہر طبقے کے لوگوں کی معاشی اور اقتصادی بدحالی کا نقشہ کھینچا ہے اور اس کے اسباب کی نشاندہی بھی کی ہے"۔) کرشن چندر کے ناولوں میں سماجی شعور: صفحہ ۳۲۱-۳۲۲)

ڈاکٹر انور شفیق اعظمی نے بڑی عرق ریزی اور جانفشانی کے ساتھ ان کے گہرے سماجی شعور کو ناولوں میں تلاش کیا ہے۔ ان کے ناولوں کے سبھی کرداروں کا تفصیلی جائزہ لیا ہے جو ہر طبقہ کی نمائندگی کرتے ہیں۔ مصنف نے تمام تر تعصبات سے بالاتر ہو کر کرشن چندر کے سرمایہ ادب کو از سر نو دریافت کرنے میں بیش بہا سرمائے کا اضافہ کیا ہے جو اس سمت میں ہو رہے تحقیقی و تنقیدی کاموں میں معاون ثابت ہو گا۔

منٹو، عصمت اور بیدی کو پڑھنے اور سراہنے والی نسل کرشن چندر کو بھی فراموش نہیں کر سکتی، بلکہ اِن تینوں ساتھیوں کے مقابل کرشن چندر اس لحاظ سے منفرد رہیں کہ انھیں ایک نیم خواندہ سے اعلیٰ تعلیم یافتہ تک یکساں دلچسپی سے پڑھ سکتا ہے۔ پنواڑی سے پروفیسر تک کے قارئین کی یہ رینج شاید اردو کے کسی اور فکشن نگار کو نصیب نہیں ہوئی۔

کرشن چندر نے چالیس برس تک مسلسل اور بلا تکان لکھا لیکن یہ بھی ایک حقیقت ہے کہ ناقدین نے جتنا زورِ قلم اُس دور کے دیگر افسانہ نگاروں پر لگایا ہے، کرشن چندر کے حصے میں اس کا عشرِ عشیر بھی نہیں آیا، اور جس طرح منٹو اور بیدی کی کلیات چھپ کر منظرِ عام پر آئی ہیں۔ کرشن چندر کی کہانیاں ہمیں اس طرح یکجا نہیں ملتیں۔

کرشن چندر کی ادبی پرورش لاہور میں ہوئی اور اردو زبان میں ہوئی۔ تقسیمِ ہند کے بعد وہ سرحد پار چلے گئے تو وہاں بھی اردو کا چلن تھا اور اردو پڑھنے والوں کی ایک کثیر تعداد وہاں آباد تھی۔ آہستہ آہستہ جب وہاں اردو کا اثر و رسوخ کم ہوا تو کرشن چندر کو بھی ہندی

میں لکھنا پڑا اور انگریزی کا سہارا بھی لینا پڑا۔

کتابیات:

۱۔ کرشن چندر شخصیت اور فن، جگدیش چندر ودھاون، کتابی دنیا، نئی دہلی، ۲۰۰۳

۲۔ کرشن چندر شناسی: ناولوں اور دیگر تحریروں کی روشنی میں، پروفیسر سید شفیق احمد اشرفی، ایم آر پبلی کیشنز، نئی دہلی، ۲۰۱۸

۳۔ کرشن چندر فکر و فن، علی احمد فاطمی، انجمن ترقی اردو (ہند)، نئی دہلی، ۲۰۱۴

۴۔ کرشن چندر کے ناولوں میں سماجی شعور، ڈاکٹر انور شفیق اعظمی، جید پریس، بلیماران، دہلی۔۶، ۲۰۱۳

۵۔ کرشن چندر ہندوستانی ادب کے معمار، جیلانی بانو، ساہیہ اکادمی، نئی دہلی، ۱۹۹۲ء

۶۔ کرشن چندر افکار و نظریات، مرتبہ ڈاکٹر فخر الکریم، ایجوکیشنل فورم، الہ آباد، ۲۰۱۵ء

۷۔ کرشن چندر کی ذہنی تشکیل، محمد اویس قرنی، آہنگ ادب، پیشاور، ۲۰۱۲ء

٭٭٭

کرشن چندر: عظیم افسانہ نگار

کرشن دیو سیٹھی

کرشن چندر اردو زبان کے ایک عظیم افسانہ نگار تھے۔ ان کے والد پونچھ میں میڈیکل آفیسر تعینات تھے۔ اس لئے ان کی ابتدائی زندگی کا کافی حصہ پونچھ میں گزرا۔ ان کے ابتدائی افسانوں میں پونچھ کے پہاڑوں، ندی، نالوں، دریائوں، مرغزاروں، آبشاروں کے کافی مناظر دکھائی دیتے ہیں۔

کرشن چندر نے اپنے طویل ادبی سفر کے دوران جو کچھ محسوس کیا ہے۔ اسے اپنی تحریروں کے ذریعہ لوگوں کے سامنے رکھ دیا ہے۔ اور اب وہی شاہکار کی شکل میں لوگوں کی زندگی میں رومانیت کا عنصر پیدا کرنے کے ساتھ ساتھ سماجی بیداری کا کام بھی سرانجام دے رہا ہے۔ انہوں نے اپنے قلم کے ذریعہ نہ صرف اردو کی خدمت کی ہے۔ بلکہ سماج کی برائیوں کو بھی اُجاگر کیا ہے۔

کرشن چندر اردو کے مشہور معروف افسانہ نگار ہیں۔ ان کی پیدائش تئیس نومبر ۱۹۱۴ کو وزیر آباد ضلع گجرانوالہ، پنجاب (پاکستان) میں ہوئی تھی۔ ان کے والد گوری شنکر چوپڑا میڈیکل افسر تھے۔ جنہوں نے کرشن چندر کی تعلیم کا خاص خیال رکھا۔ کرشن چندر نے چونکہ تعلیم کا آغاز اردو وار فارسی سے کیا تھا اور اس لئے اردو پر ان کی گرفت کافی اچھی تھی۔ انہوں نے انیس سو انتیس میں ہائی سکول کی تعلیم مکمل کی اور انیس سو پینتیس

میں انگریزی سے ایم اے کی سند حاصل کی۔

چونکہ کرشن چندر نے پنجاب اور جموں وکشمیر کی آب وہوا میں ہوش سنبھالا۔ اس لئے ان کے اکثر افسانوں اور ناولوں میں رومانیت کا عنصر زیادہ دیکھنے کو ملتا ہے۔ یہی سبب ہے کہ ان کے شروعاتی افسانے اس وقت کے سماجی پہلوئوں کو بہتر انداز میں پیش نہیں کرپاتے ہیں۔ لیکن دھیرے دھیرے جب ان کے ذہن نے پختگی اختیار کی اور سماجی معاملات سے ان کا سابقہ پڑا تو تحریری لہجے میں بھی تبدیلی دیکھنے کو ملی اور اس میں حقیقت پسندی کے ساتھ ساتھ طنز کا عنصر بھی شامل ہوتا چلا گیا۔

انہوں نے اپنے افسانوں میں اس دور کے معاشی، سیاسی اور سماجی صورت حال کی خامیوں، مثلاً بیجا رسم وروایات، مذہبی تعصبات، آمرانہ نظام اور تیزی سے اُبھرتے ہوئے دولت مند طبقہ کے منفی اثرات وغیرہ جیسے موضوعات کو شامل کیا۔ حقیقت تو یہ ہے کہ آخر میں تحریر کئے گئے ان کے زیادہ تر افسانوں میں زندگی کے اعلیٰ معیار اور اس کے اقدار پر بحث کی گئی ہے۔ غالباً یہی وجہ ہے کہ انہیں پڑھنے اور پسند کرنے والوں کی تعداد بہت زیادہ ہے۔ ان کی کئی تصنیفات، مثلاً کالو بھنگی، مہا لکشمی اور ایک گدھے کی سرگزشت وغیرہ قارئین کے ذہن میں اچھی خاصی جگہ بنالیتی ہیں اور بار بار پڑھے لکھے جانے کے باوجود انہیں دوبارہ پڑھنے کے لئے مجبور کرتی ہیں۔ دوسرے الفاظ میں کہا جائے تو ان تصنیفات نے لازوال شکل اختیار کرلی ہے۔ کرشن چندر کو زبان اردو پر جو عبور حاصل تھا۔ وہ شاید دوسروں کا مقدر نہیں۔ ان کی خوبصورت زبان قاری کو آغاز میں ہی اپنے قبضے میں لے لیتی ہے اور افسانہ کے آخر تک اس سے باہر نکلنے کا موقع نہیں دیتی۔

کرشن چندر کی خوبیوں کے معترف اردو کے معروف ناقد گوپی چند نارنگ بھی ہیں۔

وہ کہتے ہیں کہ کرشن چندر اردو افسانے کی روایات کا ایک ایسا لائق احترام نام ہے۔ جو ذہنوں میں برابر سوال اٹھاتا رہے گا۔ ان کے معاصرین میں سعادت حسن منٹو اور راجندر سنگھ بیدی بے حد اہم نام ہیں۔ یہ حقیقت ہے کہ کرشن چندر ۱۹۵۵-۶۰ تک اپنا بہترین ادب تخلیق کر چکے تھے۔ ان کا نام پریم چند کے نام کے ساتھ بڑے افسانہ نگاروں میں آئے گا۔

کرشن چندر کے افسانوں کو مد نظر رکھتے ہوئے بلا مبالغہ اس بات کا اعتراف کیا جاسکتا ہے کہ وہ نہ صرف محبت کے جذبہ اور احساس کو پورے انہماک اور حساسیت کے ساتھ اپنی کہانیوں میں پیش کرتے تھے۔ بلکہ سماجی برائیوں کو بھی انتہائی کامیابی کے ساتھ قارئین کے سامنے رکھتے تھے۔ وہ ترقی پسند تحریک سے وابستہ تھے اور اسی لئے عام انسان کے حقوق کی بات کرتے تھے۔ ان کے دل میں امیروں کے تئیں بغاوت اور بدلے کا جذبہ تھا۔

زندگی کے موڑ پر اور بالکونی جیسے رومانی افسانے نہ صرف جذباتی ہیں بلکہ قاری کو سوچنے پر مجبور کرتے ہیں۔ جہاں ایک طرف زندگی کے موڑ پر افسانہ پنجاب کی قصباتی زندگی کی انتہائی رومانی شبیہ پیش کرتا ہے وہیں بالکونی کشمیر کی خوبصورتی اور آب وہوا کو مرکز نگاہ میں رکھ کر لکھی گئی۔ کرشن چندر کے یہ رومانی افسانے دوسرے افسانہ نگاروں کے ذریعے لکھے گئے افسانوں سے انتہائی مختلف ہیں۔ کیونکہ وہ ان افسانوں میں روزمرہ کے عمل کے اندر سماجی عنصر کی تلاش کر لیتے ہیں۔ گویا کرشن چندر کے رومانی افسانوں کی دنیا وہ دنیا نہیں ہے جیسا کہ محمد حسن عسکری نے تحریر کیا ہے کہ "اب رہی وہ رومانیت جسے عام طور پر کرشن چندر سے منسوب کیا جاتا ہے اور اس کے وہ افسانے جنہیں رومانی کہا جاتا ہے۔ تھوڑی دیر کے لئے اگر یہ مان بھی لیا جائے تو یہ افسانے رومانی ہیں۔ تب بھی

کرشن چندر کی رومانیت دوسروں سے کافی مختلف ہے۔وہ رومان کی تلاش میں ہجرت کر کے مالدیپ نہیں جاتا بلکہ یہ کوشش کرتا ہے کہ روزمرہ کی زندگی میں رومان کے امکانات ہیں یا نہیں۔ درحقیقت یہ افسانے رومانی نہیں ہیں۔ بلکہ رومان کے چہرے سے نقاب اٹھاتے ہیں"۔ کرشن چندر نے ہندوستان کی تقسیم کے موقع پر ہونے والے فرقہ وارانہ فسادات کو بنیاد بنا کر بھی کئی افسانے لکھے۔ جن میں اندھے ،لال باغ، جیکسن، امرتسر، اور پیشاور ایکسپریس وغیرہ قابل ذکر ہیں۔ ان افسانوں میں کرشن چندر نے اس وقت کی سیاست کے عوام مخالف کرداروں پر بلا جھجک اپنے خیالات کا اظہار کرتے ہوئے سیاسی برائیوں سے پیدا شدہ ماحول پر ضرب کرتے ہوئے انسانی رشتوں اور جذبات کو اہمیت دی ہے۔ وہ ان افسانوں میں فرقہ واریت کی اصل ذہنیت اور صورت حال کا باریک بینی سے جائزہ لیتے ہیں۔ اور فرقہ وارانہ ہم آہنگی کو فروغ دینے کے لئے انسانیت پر مبنی سماجی نظام کی تعمیر پر زور دیتے ہیں۔ ان کے یہ افسانے ہندستانی ادب میں انسانیت کی حق میں آواز اٹھانے کا کام انجام دیتے ہیں۔ اور قارئین کو غور و فکر کرنے پر مجبور کرتے ہیں۔ وہ اپنے ان خیالات کو اس خوبصورتی سے پیش کرتے ہیں کہ بات دل میں اترتی چلی جاتی ہے۔

کرشن چندر کے نادار افسانوں میں کالو بھنگی کافی اہمیت رکھتا ہے۔ اس کہانی میں انہوں نے چھوٹی ذات سے تعلق رکھنے والے کالو بھنگی کے ذریعہ پسماندہ طبقات کی پریشان حال زندگی اور ان کے مسائل سے روشناس کرانے کی کامیاب کوشش کی ہے۔ اس کہانی میں صرف کالو بھنگی کی پریشانیوں اور جدوجہد کو ہی پیش نہیں کیا گیا ہے۔ بلکہ پورے سماج کی پست ذہنیت کو بھی ظاہر کیا گیا ہے اور انہوں نے یہ سب اتنے بے باک انداز میں کیا ہے کہ بات دل کو چھو جاتی ہے۔

ایسی بات نہیں ہے کہ کرشن چندر صرف افسانہ نگاری کے لئے ہی معروف ہیں بلکہ انہوں نے ڈیڑھ درجن سے بھی زائد ناول لکھے ہیں۔ ان ناولوں میں سے ہی ان کی ایک شاہکار تصنیف ہے۔ ایک گدھے کی سرگزشت۔ یہ تصنیف ہندوستانی ادب میں انہیں ایک علیحدہ شناخت فراہم کرتی ہے۔ انہوں نے ایک گدھے کی سرگزشت میں ملک کی سیاست، حکومت اور سرکاری دفاتر کے کردار سے ہمیں انتہائی دلچسپ انداز میں روبرو کرایا ہے۔ اس مزاحیہ تصنیف کا اہم کردار گدھا ہے۔ جسے کرشن چندر نے ایک محنت کش اور مزدور طبقہ کے طور پر پیش کیا ہے۔ اس گدھے کے ذریعے انہوں نے عام آدمی کی موجودہ صورت حال کو عیاں کرتے ہوئے ملک کے نظام میں پوشیدہ خامیوں کو انتہائی چالاکی اور بے باکی کے ساتھ پیش کیا ہے۔ کرشن چندر نے ایک گدھے کا سہارا لے کر اس وقت کے حکمران اور لیڈران کو کچھ اس انداز میں نشانہ بنایا ہے کہ وہ زخمی تو ہوتے ہیں لیکن مصنف پر کسی طرح کا الزام عائد نہیں کرتے۔

ان کا یہ مزاحیہ ناول رسالہ، شمع، میں قسط وار شائع ہوا تھا اور لوگوں نے اسے کافی پسند کیا تھا۔ یہی سبب ہے کہ جب ایک گدھے کی سرگزشت، ختم ہوگئی تو لوگوں کا اصرار ہوا کہ اس کو مزید آگے بڑھایا جائے۔ لوگوں کی گزارش کو دھیان میں رکھتے ہوئے کرشن چندر نے گدھے کی واپسی کے عنوان سے ایک نیا ناول تحریر کیا۔ بعد ازاں انہوں نے تیسرا ناول، ایک گدھا بھی تحریر کیا۔ ان تینوں ہی ناولوں نے بے انتہا مقبولیت حاصل کی اور اردو ہندی کے علاوہ متعدد زبانوں میں اس کے کئی ایڈیشن شائع ہوئے۔

یہ بات بہت کم لوگ جانتے ہیں کہ صرف کرشن چندر نے ہی اردو کی خدمت نہیں کی تھی۔ بلکہ انکے پورے خاندان نے دل وجان سے ارود کی ترویج وترقی میں اپنا اہم کردار نبھایا۔ ان کے چھوٹے بھائی مہندر ناتھ نے بھی اردو کی افسانہ نگاری میں ایک نئے

اسلوب کے ساتھ قدم رکھا تھا۔ لیکن انہیں کرشن چندر جیسی شہرت و مقبولیت حاصل نہیں ہو سکی۔ ان کے بہن سرلا دیوی کے بارے میں بتایا جاتا ہے کہ انہوں نے کئی بہترین اردو افسانے تحریر کئے۔ لیکن افسوسناک بات یہ ہے کہ انہوں نے اپنا ذہنی توازن کھو دیا۔ جس کے سبب پڑھنا لکھنا سب کچھ ختم ہو گیا۔ سرلا دیوی کے شوہر ریوتی شرن شرما بھی ایک شہرت یافتہ شخصیت رہ چکے ہیں۔ اور انہوں نے اردو ڈرامہ اور سٹیج کو زندہ کیا تھا۔ گویا کہ اردو ادب پر صرف کرشن چندر کے ہی احساسات نہیں ہیں۔ بلکہ ان کے خاندان کے کئی افراد نے بھی اردو کی ترقی میں اپنا اہم تعاون پیش کیا ہے۔ قانون کی تعلیم حاصل کرنے والے کرشن چندر کی بالی ووڈ میں بھی شناخت تھی اور یہاں بھی وہ کافی مقبول ہوئے۔ انہوں نے کئی فلموں میں کہانیاں، منظرنامے اور مکالمے تحریر کئے۔ دھرتی کے لال۔ دل کی آواز، دو چور، دو پھول، من چلی، شرافت وغیرہ ایسی فلمیں ہیں جنہوں نے کرشن چندر کی صلاحیتوں کو فلم ناظرین کے سامنے پیش کیا۔

کرشن چندر نے اپنی تحریری صلاحیتوں کو مختلف ذرائع سے لوگوں کے سامنے رکھا اور داد و تحسین حاصل کی۔ یہی سبب ہے کہ آٹھ مارچ ۱۹۷۷ میں جب ان کا انتقال ہوا تو محبان اردو نے اسے اردو ادب کے لئے ایک ناقابل تلافی نقصان تصور کیا تھا۔ دلچسپ امر یہ ہے کہ وہ مسلسل لکھتے رہے اور جب ان کا انتقال ہوا تو بھی وہ ایک مضمون بعنوان ادب برائے بطخ لکھ رہے تھے۔ افسوس کی بات ہے کہ انہوں نے اپنے اس مضمون کا آغاز تو کر دیا لیکن اسے ختم کرنے سے قبل خود ہی اس دارِ فانی کو الوداع کہہ دیا۔

آج کرشن چندر اس دنیا میں نہیں ہیں۔ لیکن ان کے افسانے، ان کے ناول اور ان کے تحریر کردہ مضامین موجود ہیں۔ کرشن چندر کے محبان اس کا مطالعہ کر رہے ہیں اور استفادہ بھی حاصل کر رہے ہیں۔ انہوں نے اپنے طویل ادبی سفر کے دوران جو کچھ

محسوس کیا اسے اپنی تحریروں کے ذریعہ لوگوں کے سامنے رکھ دیا اور اب وہی شاہکار کی شکل میں لوگوں کی زندگی میں رومانیت کا عنصر پیدا کرنے کے ساتھ ساتھ سماجی بیداری کا کام بھی انجام دے رہی ہیں۔ انہوں نے اپنے قلم کے ذریعہ نہ صرف اردو کی خدمت کی ہے بلکہ سماج کی برائیوں کو بھی اُجاگر کیا ہے۔

کرشن چندر کی تصنیفات ہندستانی ادب کے لئے ایک خاص اہمیت رکھتی ہے۔ نئے دور میں بھی ان کی کہانیاں قاری کو ترغیب دینے کا کام انجام دیتی رہیں گی۔ اردو ادب سے کرشن چندر کا تعلق دیکھیئے۔ ۸ مارچ ۱۹۷۷ کو اپنے ڈیسک پر انہوں نے ادب برائے بطخ کے عنوان سے ایک طنزیہ مضمون لکھنا شروع کیا۔ ابھی اس مضمون کا ایک لائن نورانی کو بچپن سے ہی پالتو جانوروں کا شوق تھا۔ کبوتر، بندر، رنگ برنگی چڑیاں، بھی مکمل نہ کیا تھا کہ حرکت قلب بند ہوا اور وہ مالک حقیقی سے جا ملے۔

***

"کرشن چندر" اردو افسانے کا مینار

ڈاکٹر قمر عباس

اگر آپ اردو ادب سے دل چسپی رکھتے ہیں اور افسانے پڑھنے کا بھی شوق ہے، مگر کسی سبب کرشن چندر کی تحریریں نہیں پڑھ سکے، تو گویا اردو ادب اور افسانے کا مطالعہ مکمّل نہیں ہوا۔ اسے بالفاظِ دیگر یوں بھی بیان کیا جاسکتا ہے کہ کرشن چندر اردو ادب کا ایک ایسا افسانہ نگار ہے، جس نے ایسے اُسلوب کی بنیاد ڈالی، جس کا اُس کی تحریروں سے پیش تر کوئی سُراغ ہی نہیں ملتا۔ اردو کے ممتاز نقّاد اور کئی وقیع کتابوں کے مصنّف، ڈاکٹر عبادت بریلوی نے "تنقیدی زاویے: اردو افسانہ نگاری پر ایک نظر" میں کرشن چندر کے بارے میں تحریر کرتے ہوئے واضح طور پر بیان کیا ہے "کرشن کا اُسلوبِ بیان اور طرزِ ادا دل کش ہے اور شاید ایسی پیاری زبان اور شعریت سے اتنا بھرپور اسلوبِ بیان اردو کے بہت کم افسانہ نگاروں کو نصیب ہوا ہے۔

وہ بذاتِ خود اردو افسانہ نگاری کا ایک اسکول ہے، جس کی بنیاد اُس نے خود ہی ڈالی اور جس کو وہ خود ہی پروان چڑھا رہا ہے۔ "پروفیسر گوپی چند نارنگ بھی اسی قسم کے خیالات ظاہر کرتے ہیں۔ "کرشن چندر: شخصیت اور فن" مرتّبہ جگدیش چندر ودھاون کے پیش لفظ میں لکھتے ہیں "کرشن چندر کے بارے میں میرا یہ خیال ہے کہ سعادت حسن منٹو یا راجندر سنگھ بیدی اردو تنقید کے لیے اس طرح سوالیہ نشان نہیں ہیں، جس طرح

کرشن چندر اردو تنقید کے لیے سوالیہ نشان ہیں۔ اردو کی افسانوی روایت کا یہ وہ منطقہ ہے، جس کی تعینِ قدر کے بارے میں بحث و تمحیص جاری رہے گی اور برابر لکھا جاتا رہے گا۔ خود کرشن چندر نے سب سے زیادہ لکھا، بہت لکھا، مختلف اسالیب میں لکھا، مختلف اصناف میں لکھا، اور مختلف ذہنی سطحوں سے لکھا۔ ایک ایسا فن کار، جس کی زبان میں ایسا رَس اور جادو تھا، ایسی گھلاوٹ، موہنی حلاوت اور ایسی بہا لے جانے والی کیفیت تھی، جو کسی دوسرے کو نصیب نہیں ہوئی۔"

کرشن چندر وزیر آباد، ضلع گوجرانوالہ، پنجاب میں کھتری خاندان میں ۲۳ نومبر ۱۹۱۴ء کو پیدا ہوئے۔ جائے پیدائش میں یوں اختلاف ہے کہ بھرت پور، راجستھان بھی بیان کی جاتی ہے۔ یہی اختلاف تاریخِ ولادت میں بھی دیکھنے میں آتا ہے۔ قطع نظر جائے پیدائش کے اختلاف سے، وزیر آباد کی ایک وجہِ شہرت یہ بھی رہی ہے کہ یہاں تیار کیے جانے والے چاقوؤں، چھریوں کا لوہا پورے برِّ صغیر میں مانا جاتا تھا۔ وزیر آباد میں قبل ازیں مولانا ظفر علی خان، راجا مہدی علی خان، مہاشے کشن (مُدیر، پرتاپ)، حامد علی خان (مُدیر، ہمایوں) جیسے باکمال لوگ جنم لے چکے تھے۔ کرشن چندر کے تین بھائی، مہندر ناتھ، اوپندر ناتھ اور راجیندر ناتھ (بچپن ہی میں انتقال کر گئے تھے) اور ایک بہن، سرلا دیوی تھیں۔ باپ کو "باؤجی" اور ماں کو "ماں جی" کہا جاتا۔ ماں کا نام پرمیشوری دیوی اور باپ، گوری شنکر چوپڑا، ایم بی بی ایس ڈاکٹر تھے۔ میدانِ طِب تو دل چسپی کا بنیادی محور تھا ہی، تاہم ڈاکٹر گوری شنکر کو ادب اور بالخصوص اردو ادب سے بھی حد درجہ لگاؤ تھا۔

وہ ۱۹۱۸ء میں بحیثیت میڈیکل آفیسر کشمیر میں واقع ضلع پونچھ میں تعیّنات کیے گئے اور ملازمت کے اختتام تک وہیں قیام کیا۔ ڈاکٹر گوری شنکر ایک اچھے مقرّر ہونے کے علاوہ شاعری کا ذوق بھی رکھتے، مگر مشقِ سُخن محض گیت نگاری ہی تک محدود رکھا۔ گویا

باپ کی وساطت سے کرشن چندر کو ادب سے لگاؤ ابتدائی عُمر ہی میں ہو گیا تھا۔ عُمر پانچ برس ہوئی تو ہنڈر، کشمیر کے پرائمری اسکول میں داخل کروایا گیا۔ پڑھائی شروع ہوئی تو معلوم ہوا کہ اردو کے مضمون میں انتہائی کم زور ہیں۔ نتیجہ یہ کہ استاد سے روزانہ مار کھاتے، جب بہتری کی کوئی صُورت نہ نکلی، تو چھٹی جماعت سے اردو ترک کر کے سنسکرت کا مضمون اختیار کر لیا۔ یہ اُس سے بھی زیادہ مشکل ثابت ہوا۔

خیر، کسی نہ کسی طرح آٹھویں جماعت تک سنسکرت ہی پڑھی۔ تعلیم کی منزل مِڈل تک پہنچی، تو وکٹوریا جوبلی ہائی اسکول، پونچھ کو اگلی تعلیمی درس گاہ کے طور پر منتخب کیا گیا۔ اب سنسکرت کی جگہ فارسی کا مضمون اختیار کیا۔ یہاں استاد بُلاقی رام نندہ تھے، کئی مضامین میں طاق۔ کرشن چندر اب بُلاقی رام سے آئے دن مار کھاتے، کیوں کہ فارسی سب سے زیادہ مشکل معلوم ہوئی اور اردو پر بہت پیار آنے لگا۔ کچھ ہی وقت پیش تر کرشن چندر کو کہانیوں سے بھی دل چسپی ہو گئی اور الف لیلیٰ کی کہانیوں پر اس طرح دل آیا کہ جب جب موقع ملتا، پڑھنی شروع کر دیتے۔ ماں نے ایک دن دیکھا تو اچھی خاصی خفگی کا اظہار بھی کیا کہ فضول کہانیاں پڑھائی سے بھٹکا دیں گی، مگر کتابیں پڑھنے کا شوق تو دھیرے دھیرے پُختہ سے پُختہ ہی ہوتا چلا گیا۔ اپنے ایک دوست کی کتابوں کی دُکان کچھ ایسی بھائی کہ وہاں سے کتابیں لے کر پڑھنی شروع کر دیں۔

اس دُکان پر جانے کی ایک اور وجہ یہ بھی تھی کہ وہاں کچھ ادیب اور شاعر بھی آیا کرتے اور ایک محفل کا سا سماں ہو جاتا۔ کرشن چندر کو یہ سب کچھ بہت اچھا لگتا۔ اردو کے مشہور ادیب، چراغ حسن حسرت سے کرشن چندر کی اوّلین ملاقات یہیں ہوئی تھی۔ یہ تو بات ہوئی کتابوں سے دل چسپی کی۔ اُدھر کرشن کو ڈرامے دیکھنے کا بھی شوق تھا اور وہ بھی

اس حد تک کہ گھر والوں سے غلط بیانی کر کے بھی یہ شوق پورا کرتے۔ یہ ڈراموں سے انتہا درجے کا شوق ہی تھا کہ کرشن چندر نے ساتویں یا آٹھویں جماعت میں مشہور رزمیہ ڈرامے "مہابھارت" میں ارجن کا کردار بھی ادا کیا۔ والد کے ساتھ بھی ڈراما دیکھا اور جو کھیل دیکھا، وہ آغا حشر کاشمیری کا "خونِ ناحق" تھا، جو شیکسپیئر کے ڈرامے "ہیملٹ" سے ماخوذ تھا۔ دیگر شوق میں مصوّری، شاعری اور پہلوانی شامل تھے، جو اوائلِ عُمری ہی میں کسی نہ کسی ناموافق صُورت کی وجہ سے پروان نہ چڑھ سکے۔ اب شعور کی منزل آچلی تھی، سو پڑھنے کے لیے جو کتاب منتخب کی وہ پریم چند کی "پریم بتیسی" تھی۔ اس کے بعد سُدرشن کی تحریریں پڑھیں۔ ۱۹۲۰ء تا ۱۹۳۰ء کے عرصے میں پنڈت سُدرشن کی کتابیں بہت ذوق و شوق سے پڑھی جاتیں اور کتابوں کے سرِ ورق پر عنوان کے ساتھ "فطرت نگار سُدرشن" بھی تحریر ہوتا۔

اب ذوق اس حد تک بیدار ہو چُکا تھا کہ کچھ لکھنے کی تحریک شدّت پکڑتی جا رہی تھی۔ استاد بُلاقی رام سے مستقل بنیادوں پر پِٹنے کا سلسلہ جب کسی طرح نہ تھما، تو اُن کے خلاف "پروفیسر بلیکی" کے عنوان سے اپنے تئیں ایک طنزیہ مضمون بھی تحریر کیا۔ استاد کے خلاف غصّہ اس حد تک تھا کہ محض مضمون لکھنے ہی پر اکتفا نہیں کیا، بلکہ اُس زمانے کے مشہور ہفتہ وار پرچے "ریاست" میں شائع ہونے کے لیے دہلی بھی بھیج دیا۔ اخبار کے ایڈیٹر، دیوان سنگھ مفتون تھے۔ حافظ آباد، گوجرانوالہ کے دیوان سنگھ مفتون بے باک اور راست باز صحافی ہونے کے باعث بہت سے حلقوں میں ہر دل عزیز تھے۔ اُن کو دل سے چاہنے والوں میں ایک نام ایم ڈی تاثیر کا بھی تھا، وہی تاثیر کہ جو "نیاز مندانِ لاہور" کے نام سے کام کرنے والی بیس تا پچیس کے عشرے کی متحرک و غیر منظّم تحریک کے مدار المہام تھے اور ڈاکٹر انور سدید نے "اردو ادب کی مختصر تاریخ" میں جن کے بارے میں

تحریر کیا ہے "ردِّ عمل کی لہر اٹھانے اور ہنگاموں کو ہوا دینے میں اُنہیں یدِ طولیٰ حاصل تھا۔"

لُطف یہ ہوا کہ چند ہی دنوں میں "ریاست" میں وہ مضمون بغیر کسی قطع و بُرید کے شائع بھی ہو گیا۔ نہ صرف اسکول بلکہ پورے محلّے میں مضمون کی شہرت ہو گئی۔ استاد بُلاقی رام سے طالب علم نہیں، اسکول کے غیر تدریسی عملے کے لوگ بھی یوں ڈرے سہمے رہتے کہ استاد بات، بے بات اُن سب کی گوشمالی کرتے۔ یوں اس مضمون کی وساطت سے اُنہیں اپنے دل کے پھپھولے پھوڑنے کا موقع مل گیا۔ خود استاد کی کیفیت کا تو پوچھنا ہی کیا۔ شاگرد پر تو گرجے برسے ہی، شاگرد کے باپ سے بھی شکایت کر دی۔ باپ نے سخت سرزنش کے ساتھ بیٹے کو تنبیہ کی کہ آئندہ قلم کو ہاتھ بھی مت لگانا، یوں کرشن چندر اگلے دو ایک برس تک لکھنے سے محروم کر دیئے گئے۔ تاہم، مذکورہ مضمون کسی حد تک ادبی دنیا میں قدم رکھنے کی ابتدائی شکل ہی تھا۔

یہیں سے اُن کی طبیعت میں یہ عُنصر بھی پروان چڑھا کہ غلط کو بہر حال غلط کہنا ہی ہو گا اور یہ بات بھی ذہن میں راسخ ہو گئی کہ سچ اور حق کی راہ میں ہمیشہ دُشواریاں پیش آتی ہیں۔ تاہم، اگر پامردی اور استقلال کا ثبوت دیا جائے، تو راہیں روشن تر ہو جایا کرتی ہیں۔ انہیں غیر نصابی سرگرمیوں سے بھی حد درجہ دل چسپی تھی۔ کرکٹ، فٹ بال، کبڈّی، پہلوانی، تیراکی، جس کھیل میں دیکھو آگے آگے۔ یہی نہیں اُن کی تحریک اور شوق پر دوسرے طلبہ بھی ان سرگرمیوں میں شریک ہو جاتے۔ وقت گزرتا گیا اور وکٹوریہ جوبلی ہائی اسکول ہی سے کرشن چندر نے ۱۹۲۹ء میں سیکنڈ کلاس میں میٹرک کر لیا، پھر باپ نے مزید تعلیم کے حُصول کے لیے اپنے بڑے بھائی کے پاس لاہور بھیج دیا۔ فارمین کرسچن کالج، لاہور اگلی درس گاہ قرار پائی۔ یہاں آ کر کرشن چندر کی ادبی صلاحیتوں

کو بے حد جِلا ملی۔

اب ذہن آفاق کی وسعتوں تک پہنچنے کی سعی کرنے لگا۔ بڑی ادبی، سیاسی اور سماجی شخصیات متاثر کرنے لگیں۔ خاص طور پر وہ لوگ نظروں کو زیادہ بھانے لگے، جو سماجی نابرابری اور استحصال کے خلاف آواز بلند کرتے۔ کرشن چندر کی تخلیقی سطح دیکھتے ہوئے اُنہیں ۱۹۳۰ء کے زمانے میں "کرسچن کالج، میگزین" کا ایڈیٹر بنا دیا گیا۔ لاہور ویسے بھی ادبی، سیاسی، تہذیبی، ثقافتی میدانوں میں اپنی مثال آپ تھا۔ بڑے ادارے، بڑی شخصیات، بڑی تحریکیں غرض دیکھنے اور سوچنے سمجھنے کو بہت کچھ تھا۔ یہی نہیں، پڑھنے کو بھی ڈھیروں ڈھیر کتابیں۔ جانے کیسے اُسی زمانے میں انقلابی لٹریچر کی ایسی لَت لگی کہ دل ہر پَل ہندوستان میں انقلاب کے سپنے دیکھنے لگا۔ اچانک ایک دن شور مچا کہ کرشن چندر کالج سے غائب ہیں۔

یاروں، دوستوں نے پہلے تو اِدھر اُدھر ڈھونڈا، آگے پیچھے تلاش کیا، مگر کچھ اتا پتا نہ ملا۔ جب ایک دن گزرا اور واپسی نہ ہوئی تو دوستوں کا ماتھا ٹھنکا کہ ضرور کوئی غیر معمولی بات ہوئی ہے۔ جب دوسرا دن بھی پہلے دن کی طرح بغیر اطلاع گزرا تو دوستوں نے ضروری جانا کہ کرشن چندر کے گھر والوں کو آگاہ کیا جائے۔ اطلاع ملتے ہی ماں بے قرار، دیوانہ وار بیٹے کی تلاش میں پونچھ سے لاہور پہنچ گئی اور لاہور کا کونا کونا چھان مارا۔ حال یہ تھا کہ بیٹے کے بغیر کسی پَل چین نہ ملتا۔ ایک دن اچانک کسی ذریعے سے اطلاع ملی کہ بیٹا مشہور باغی رہنما، بھگت سنگھ کے گروہ سے رشتہ جوڑ چُکا ہے اور اُس کی پاداش میں لاہور کے شاہی قلعے میں قید وبند کے دن گزار رہا ہے۔ ماں یہ جان کر دھک سے رہ گئی، بہ ہزار دقّت بیٹے تک رسائی ہوئی۔ ممتا نے اپنے جگر پارے کا دیدار کیا اور قسمیں دے کر اپنے ساتھ واپس لے آئی اور یہ بھی شرط عائد کی کہ اگر آئندہ وہ ایسی کسی سرگرمی کا حصّہ

بنے، تو ماں جان دے دے گی۔

اس سلسلے میں یہ بھی کہا جاتا ہے کہ تحریک میں شامل کرشن چندر کے دو دوست انتہائی فعال اور متحرّک تھے، جب کہ کرشن چندر عملی طور پر سرگرمیوں سے دُور رہا کرتے۔ بہرحال، جب مذکورہ دوستوں میں سے ایک کو عُمر قید اور دوسرے کو پانچ سال قید کی سزا ہوئی، تو کرشن چندر نے تحریک سے کُلّی طور پر دوری اختیار کرنے کا فیصلہ کیا اور چند یوم رُوپوشی کی زندگی گزار کر کلکتے (موجودہ کولکتہ) چلے آئے۔ چند ماہ یہاں گزار کر دیہی زندگی کی پس ماندگی کا براہِ راست مشاہدہ کرنے کا موقع ملا اور یہ سوچ پختہ تر ہو گئی کہ طبقاتی نظام کے خلاف جدّوجہد ہی سماج کے ہر فرد کو اُس کا جائز حق دلا سکتی ہے۔ سو، یوں مارکس، اینگلز اور لینن کی سوچ اور تحریروں کا مطالعہ و مشاہدہ شروع کیا۔

مذکورہ واقعے سے قطع نظر کرشن چندر کو سیر و سیاحت کا بھی شوق تھا۔ سو، گھومنا پھرنا بھی زندگی کا کسی حد تک لازمی عُنصر رہا۔ ۱۹۳۱ء میں غارمین کالج سے ایف ایس سی پاس کیا۔ گرچہ والد کی شدید خواہش تھی کہ بیٹا طِب کی تعلیم حاصل کر کے ڈاکٹر بنے۔ تاہم، کرشن چندر کو طبّی مضامین سے رتّی بھر لگاؤ نہ تھا۔ جن مضامین میں دھیان تھا، وہ ادب، تاریخ اور معاشیات تھے۔

سو، انہی مضامین میں ۱۹۳۳ء میں بی اے کیا اور سند وصول ہوتے ہی ایم اے، انگریزی میں داخلہ لے لیا۔ انگریزی زبان و ادب پر اس حد تک گرفت ہو گئی کہ کالج کی انتظامیہ نے اُنہیں شعبے سے نکلنے والے انگریزی پرچے کا چیف ایڈیٹر مقرّر کر دیا۔ ۱۹۳۵ء میں ایم اے انگریزی ادب کے امتحان میں کام یابی کی سند پائی۔ طبیعت میں آگے بڑھنے کی جستجو تھی، سو تعلیم کا دامن ہاتھ سے نہ چھوڑا اور لاء کالج، لاہور میں داخلہ لے لیا۔ ایسا کرنے میں ماں کی خواہش کا احترام ایک بنیادی وجہ تھی کہ ماں کی

نظروں میں وکالت ایک قابلِ عزّت پیشہ تھا۔ ایل ایل بی کی تعلیم کے دوران جس ہاسٹل میں قیام کیا، وہاں کنہیا لال کپور اور اوپندر ناتھ اشک بھی موجود تھے۔ سو، دونوں سے کرشن چندر کی خُوب دوستی رہی، خاص طور پر کنہیا لال کپور سے، جو وہاں ایک کالج میں پروفیسر تھے اور ابھی بحیثیت مزاح نگار اُن کا ادبی سفر شروع نہیں ہوا تھا۔

۱۹۳۶ء کا زمانہ تھا کہ کرشن چندر سخت بیمار ہو گئے، اُنہیں یرقان کا عارضہ لاحق ہو گیا۔ بیماری نے طول پکڑا، جس کے نتیجے میں وہ بہت کم زور ہو گئے۔ صحت یابی کے بعد "یرقان" ہی کے عنوان سے ادبی زندگی کا اوّلین افسانہ تحریر کیا۔ لاہور کی "ادبی دنیا" میں شائع ہونے والا یہ افسانہ، ادبی حلقوں میں بے حد مقبول ہوا۔ پرچے کے مُدیر، مولانا صلاح الدّین احمد نے تو یہاں تک کہا کہ "افسانے کو دنیا کے چند بہترین افسانوں میں شمار کیا جا سکتا ہے"۔ کنہیّا لال کپور نے کرشن چندر پر لکھے گئے اپنے مضمون میں "یرقان" کے بارے میں تحریر کیا ہے "یرقان کرشن چندر کا پہلا افسانہ ہے، جس نے "ادبی دنیا" میں چَھپ کر ادبی دنیا میں تہلکہ مچا دیا۔ کہتے ہیں یرقان زدہ کو ہر ایک چیز پیلی نظر آتی ہے۔

یرقان کو پڑھنے کے بعد ہر قاری کو کرشن چندر نظر آنے لگا۔" اگلے افسانے "لاہور سے بہرام گلہ تک" (۱۹۳۶ء) اور "جہلم میں ناؤ پر" (۱۹۳۷ء) مشہور پرچے "ہمایوں" میں شائع ہوئے، جس کے مُدیر میاں بشیر احمد تھے۔ اُنہوں نے اُسی زمانے میں کرشن چندر کے بارے میں یہ پیش گوئی بھی کی تھی کہ "یہ شخص ہماری زبان کا ایک زبردست ادیب ثابت ہو گا۔" کرشن چندر کو وکالت سے بھی کوئی دل چسپی نہ تھی۔ وہ درسی کتب پر کم اور ادبی کتابوں پر زیادہ توجّہ دیتے اور اب تو دو ایسے دوستوں کی رفاقت بھی میسّر آ چکی تھی، جو خود بھی ادب کا گہرا ذوق رکھتے۔ بہر حال، کرشن چندر نے ۱۹۳۷ء میں ایل ایل بی کا امتحان بھی پاس کر لیا۔ قانون کی تعلیم حاصل کرنے کے دوران ہی

پروفیسر سنت سنگھ کے ساتھ مل کر "The Northern Review" شائع کرنا شروع کر دیا تھا، جس کے مندرجات ادبی، سیاسی اور سماجی نوعیت پر مبنی ہوتے۔

ایل ایل بی کرتے ہی لاہور کے اُس زمانے کے مشہور انگریزی اخبار "ٹریبیون" میں سیاسی، سماجی اور معاشی موضوعات پر مضامین لکھنے شروع کر دیئے۔ اسی سال اُن کے کئی ڈرامے بھی شائع ہوئے۔ ۱۹۳۸ء کا آغاز ہوا تو سیاسی محاذ پر ہندوستان میں گویا گھمسان کا رَن تھا۔ کانگریس، مسلم لیگ، کمیونسٹ پارٹی، علاقائی جماعتیں، قوم پرست جماعتیں، مذہبی جماعتیں، غرض ہر ایک اپنے منشور کے تحت ہندوستان کی بساطِ سیاست پر اپنے مُہرے چل رہا تھا۔ اسی اثناء ۲۱ اپریل ۱۹۳۸ء کو ہندوستان کے ادبی اُفق کا روشن ترین ستارہ، اقبالؔ اپنی تاب ناکیاں دِکھا کر ہمیشہ کے لیے چُھپ گیا۔

کرشن چندر نے اقبالؔ کو خراجِ عقیدت پیش کرتے ہوئے "ٹریبیون" ہی میں تعزیتی مضمون تحریر کیا۔ مضمون میں اقبالؔ کی چند نظموں کے تراجم بھی شامل تھے۔ مذکورہ مضمون لوگوں نے بے حد پسند کیا۔ اقبالؔ سے اُن کی عقیدت کا یہ عالم تھا کہ وہ ان پر پی ایچ ڈی سطح کا کام کرنا چاہتے تھے، اسی مقصد سے ایک روز کنہیّا لال کپور کے ساتھ اقبالؔ کی خدمت میں حاضر ہوئے اور اپنی خواہش کا اظہار بھی کیا تھا۔ تاہم، اقبالؔ نے اُس خیال کی حوصلہ افزائی نہ کی، یوں یہ خیال محض خیال ہی رہا، حقیقت نہ بن سکا۔

ترقّی پسند مصنّفین کی کانفرنس پہلی بار کلکتہ میں منعقد ہوئی اور پنجاب کی صوبائی انجمن کی نمائندگی کرشن چندر نے کی۔ یہی وہ موقع بھی تھا، جب اُنہیں ہندوستان کے مشاہیر، شعرا اور ادیبوں سے ملنے کا اتفاق ہوا۔ اسی کانفرنس میں اُنہیں انجمن ترقّی پسند مصنّفین، پنجاب کا سیکریٹری بھی چُنا گیا۔

ادب سے لگاؤ اور لکھنے لکھانے کا سلسلہ یونہی جاری رہا اور ۱۹۳۹ء میں پہلا افسانوی

مجموعہ "طلسمِ خیال" کے عنوان سے سامنے آیا تو پڑھنے والوں سے داد و تحسین سمیٹنے کا خوب موقع ملا۔ اب قلم اور قدم تیز تر تھے۔ دوسری عالم گیر جنگ کے اثرات جہاں پوری دنیا پر مرتّب ہوئے، وہاں ہندوستان بھی اُس سے محفوظ نہ رہا۔ انگریزوں نے ہندوستان پر اپنی گرفت مضبوط رکھنے کے لیے ریڈیو کو بطور ہتھیار استعمال کیا۔ احمد شاہ بخاری پطرس اور زیڈ اے بخاری نے بڑے شعرا اور ادیبوں کو ریڈیو میں ملازمت دی، جن کا کام انگریز حکومت کی تعریف و توصیف کرنا تھا۔ جس طرح اُس زمانے میں بڑے بڑے شعرا اور ادیب انگریز فوج میں بھرتی ہوئے، بالکل اُسی طرح ریڈیو میں بھی یہی صُورت دیکھنے میں آئی۔

استثنائی صورتیں معدودے چند تھیں اور اُن میں بھی جو آواز سب سے اعلیٰ اور بلند و بالا تھی، وہ جوشؔ ملیح آبادی کی آواز تھی کہ جو برطانوی راج اور سامراج کو مردانہ وار للکارنے میں مصروف تھی۔ بہر حال، کرشن چندر کو بھی ملازمت کی پیش کش ہوئی، گرچہ وہ انگریز سرکار کے بے حد خلاف تھے، مگر اُن دنوں بے روزگاری کے سبب ملازمت قبول کرلی۔ تاہم، چبھن برقرار رہی اور اندر ہی اندر اپنے آپ کو ملامت بھی کرتے رہے۔ شاید یہی سال رہا ہوگا کہ کرشن چندر لاہور کی رہنے والی ودیاوتی نامی خاتون سے رشتۂ ازدواج میں منسلک ہوگئے۔ یاد رہے، کرشن چندر نے دو شادیاں کی تھیں۔ دوسری شادی ۱۹۶۱ ءمیں رشید احمد صدّیقی کی صاحب زادی، سلمیٰ صدّیقی سے ہوئی۔

کرشن چندر کی تخلیقانہ صلاحیتیں اُن سے مسلسل افسانے، کہانیاں، ڈرامے تحریر کروا رہی تھیں۔ ۱۹۴۰ءمیں "نظارے" کے عنوان سے دوسرا افسانوی مجموعہ پڑھنے والوں کی نذر کیا۔ کتاب کا انتساب حد درجہ ل چسپ تھا، گرچہ اُسے مروّجہ معنوں میں انتساب کہا نہیں گیا۔ اس میں تحریر ہے "اُس کرشن چندر کی یاد میں، جسے گزشتہ نومبر کی

ایک کثیف اور اُداس شام کو خود ان ہاتھوں نے گلا گھونٹ کر ہمیشہ کے لیے موت کے گھاٹ اتار دیا۔" واقفانِ حال کے مطابق یہ انتساب دراصل ریڈیو کی ملازمت اور ملامت کا اظہار تھا۔ اس کا مقدّمہ مولانا صلاح الدّین احمد نے تحریر کیا، جس میں ایک مقام پر یہ جملہ بھی شامل تھا" کرشن چندر، میری ناقص رائے میں ایک مجموعۂ اضداد ہے"۔ مذکورہ برس ہی "ہوائی قلعے" کے عنوان سے افسانوں کا تیسرا مجموعہ پیش کیا۔

یہی وہ سال بھی تھا کہ جب اُن کے انشائیوں کا اوّلین مجموعہ "ہوائی قلعے" شائع ہوا اور لوگوں نے اُسے بہت ذوق و شوق سے پڑھا۔ اُسی زمانے میں کرشن چندر کو ڈبلیو زیڈ احمد نے شالیمار پکچرز کے لیے مکالمے تحریر کرنے کی پیش کش بھی کی، جسے انہوں نے ہرگز ضائع نہ کیا۔ فلم نگری کی رنگینیاں، ایک سے ایک کہانیاں، لوگوں سے ملنے کے مواقع، ایک شہر سے دوسرے شہر آنا جانا۔ سو، ایسی رومانی فضا کا حصّہ ہوتے ہوئے کرشن چندر کے کئی خواتین سے معاشقوں کی داستانیں بھی سننے کو ملیں۔ ۱۹۴۳ء میں کرشن چندر کے اوّلین ناول "شکست" نے اِشاعت کا لبادہ اوڑھا۔ کشمیر کی دیہی زندگی کو رومانوی رنگ میں پیش کرنے کے ساتھ وقت کے طاقت وَر حکمرانوں اور مظلوم و مفلوک الحال عوام کی دُکھ بھری زندگی کی اس ناول میں خوب عکّاسی کی گئی ہے۔

ڈاکٹر عبد السّلام صدیقی نے جواہر لعل یونی ورسٹی سے "کرشن چندر کے ناولوں کا تنقیدی مطالعہ (سماجی ثقافت اور سیاسی پس منظر میں)" کے عنوان سے تحقیقی مقالہ تحریر کیا، جس پر اُنہیں پی ایچ ڈی کی سند تفویض ہوئی۔ اُنہوں نے "شکست" کے بارے میں اظہارِ خیال کرتے ہوئے لکھا، "اس ناول میں سرمایہ دارانہ نظام اور مذہبی ٹھیکے داروں پر سخت طنز کیا گیا ہے، جو قبلِ آزادی پورے سماج کو اپنی لپیٹ میں لیے ہوئے تھا۔ اس ناول میں دو کہانیاں ایک ساتھ چلتی ہیں۔ ناول میں سرمایہ دارانہ نظام سے بغاوت اور اشتراکی

نظام کی طرف رجحان ملتا ہے، جو ترقّی پسند تحریک اور تحریکِ آزادی کے اثرات معلوم ہوتے ہیں۔ یہ ناول پہلا اور کام یاب ترین ناول ہے، جس پر سیاسی و سماجی تحریکات کے اثرات دکھائی دیتے ہیں۔"

تاہم، دین محمّد تاثیرؔ نے اس ناول سے متعلق رائے کا اظہار کیا کہ "وہ (کرشن چندر) طفلِ مکتب ہیں اور ناول نویسی اُن کے بس کا روگ نہیں۔" کرشن چندر اس بات سے بے حد کبیدہ خاطر بھی ہوئے تھے۔ بہر حال، ۱۹۴۶ء میں ہندوستان کی سب سے بڑی اور چمک دمک سے بھرپور فلم نگری، بمبئی (اب ممبئی) کی "بمبئی ٹاکیز" سے "اِن چارج اسٹوری ڈیپارٹمنٹ" کی حیثیت سے وابستگی اختیار کی، جہاں رہنے کو عُمدہ سا بنگلہ ملا اور تن خواہ ڈیڑھ ہزار روپے ماہانہ مقرّر ہوئی۔ کرشن چندر نے یہ وقت بھرپور مالی آسودگی میں بسر کیا۔ تاہم، یہ سلسلہ محض ایک ہی برس جاری رہ سکا۔ کسی بنیاد پر ملازمت چھوڑی اور "ماڈرن تھیٹرز" کے نام سے اپنی فلم کمپنی قائم کرلی۔

جتنا پیسا کمایا تھا، اپنی تیار کردہ فلموں "سرائے کے باہر" اور "راکھ" پر لگایا نہیں، بلکہ لٹایا اور نتیجہ یہ نکلا کہ دونوں فلمیں بری طرح فلاپ رہیں۔ کرشن چندر ثروت سے عُسرت کی سطح پر آگئے۔ تاہم، یہ سب زندگی کے تجربات تھے۔ اُن کا ناول "ایک گدھی کی سرگزشت" نہ صرف پڑھنے والوں ہی میں مقبول ہوا، بلکہ ناقدینِ ادب نے بھی اُسے دل کھول کر سراہا۔ یوں تو اُن کی اکثر تخلیقات مشہور ہوئیں اور قارئینِ ادب نے اُن کو بہت لُطف لے کر پڑھا، لیکن "کلّو بھنگی" "کچرا بابا" "غدّار" "جب کھیت جاگے" "آدھے گھنٹے کا خدا" "دو فرلانگ سڑک" "پشاور ایکسپریس" "اَن داتا" "اجنتا" "باون پتّے" "ایک عورت، ہزار دیوانے" "ایک کروڑ کی بوتل" "ایک ہیروئن، پانچ لوفر" "پودے" وغیرہ اُن کی تخلیقی اُپج کا عُمدہ اظہار ہیں۔

اردو ادب کا یہ منفرد، صاحبِ اسلوب افسانہ نگار اور قلم کار ۸ مارچ ۱۹۷۷ء کو دنیا سے کُوچ کر گیا۔ شکیب نیازی نے "کرشن چندر کے افسانوی ادب میں حقیقت نگاری" کے عنوان سے تحریر کیا ہے "کرشن چندر نے جس حُسن کاری کے ساتھ رومانی مناظر پیش کیے ہیں، اس حیثیت سے ان کے پیش رَو اور کیا ہم عصر، سب ہی بہت پیچھے ہیں۔ اس میدان میں ان کا کوئی مدِّ مقابل نہیں۔ کرشن چندر کی تخلیقات میں محبت و رومان کے مختلف رنگ نظر آتے ہیں، ہر رنگ ایک منفرد حیثیت رکھتا ہے اور مختلف صُورتیں اختیار کرتا ہے۔"

انہوں نے پچیس ناول اور پانچ سو کے لگ بھگ کہانیاں لکھیں، جن کا دنیا کی ساٹھ سے زیادہ زبانوں میں ترجمہ ہوا۔ کے کے کھّٹر نے اپنی کتاب "اردو کا آخری نقّاد" میں تحریر کیا ہے "کرشن چندر وہاں کام یاب رہا، جہاں منٹو کے قدم ڈگمگا گئے۔ اس نے افسانے کو انسانیت کا رنگ دیا۔ اگر اس کے پاس انسانیت کی روح نہ ہوتی، تو محض ایک پمفلٹ باز یا پراپگینڈا باز بن کر رہ جاتا۔ کرشن چندر کے ناولز اور افسانوں کی بڑی تعداد نے یورپ کی زبانوں کا لباس پہنا، لیکن وہ چند افسانوں جیسے "تائی ایسری"، "غالیچہ"، "کالو بھنگی" "آدھے گھنٹے کا خدا" "دانی" اور کشمیری ماحول سے مملو ناولز جیسے "دل کی وادیاں سو گئیں" کی وجہ سے زندۂ جاوید ہو گیا۔

***

کرشن چندر: ایک جائزہ

ڈاکٹر رضوانہ شمسی

کرشن چندر کو کشمیری فکشن نگار کے نام سے جانا جاتا ہے لیکن یہ بات غور طلب ہے کہ کرشن چندر کا تعلق وادی کشمیر سے نہیں ہے۔ان کا تعلق خطے پیر پنجال سے ہے جس کے ایک طرف پیر پنچال کی اونچی اونچی کوہستانی چوٹیاں ہیں ان چوٹیوں کے اس پار وادی کشمیر ہے جہاں کی زبان کشمیری ہے۔ایک طرف ہندو پاک کی کنٹرول لائن ہے جبکہ دوسری طرف خطہ جناب واقعہ ہے۔ وادی پیر پنچال میں پہاڑی گوجری بولی جاتی ہیں۔ جبکہ دو پرسنٹ لوگ ہی کشمیری زبان بولتے ہیں کرشن چندر کی مادری زبان پہاڑی تھی علاقے کی کثیر تعداد گوجری زبان کا استعمال کرتے ہیں۔یہی سبب ہے کہ پہاڑی زبان پر بھی گوجری کے اثرات ہیں یہ وہی گوجری ہے جسے ہم گجری کے نام سے جانتے ہیں اگرچہ وقت کے ساتھ ساتھ قبائل کے مختلف علاقوں میں پڑھاؤ کے سبب کئی دوسری زبانوں کے الفاظ اس میں شامل ہوتے رہے ہیں۔ اسی وجہ سے یہ اپنی اصل شکل کھو چکی ہے یہ دونوں بولیاں ہی کرشن چندر کی تحریروں میں ملتی ہیں۔ کوئی بھی فن پارہ ادب پارہ اپنے گردنواح کے اثرات سے خود کو مبرہ نہیں رکھ سکتا یہ ایک فطری عمل ہے کہ ادیب شاعر جس ماحول میں آنکھ کھولتا ہے ارادی یا غیر ارادی طور پر اس کے فن پارے میں اس کے ماحول کا عکس جابجا بکھرا نظر اتا ہے۔ یہ ایک اٹل لسانی حقیقت ہے کوئی بھی زبان

خالص ہونے کا دعوی نہیں کرسکتی ہر زبان میں دوسری زبانوں کے کچھ نہ کچھ الفاظ ملیں گے جس طرح کوئی قوم یا نسل اپنے جسم میں صرف ایک ہی قوم یا نسل کے خون کا دعوی نہیں کرسکتی اسی طرح کوئی بھی زبان خالص ہونے کی دعویدار نہیں ہوسکتی اگر کوئی زبان صرف اپنے لفظیات پر بھروسہ کرتی ہے اور دوسری زبانوں کے الفاظ سے پرہیز کرتی ہے تو بالاخر اچھوت بن جاتی ہے ایسا ہی مشہور فکشن نگار کرشن چندر کے ساتھ بھی ہے جہاں ایک طرف ان کے افسانوں میں ہمیں جموں کشمیر کی دل فریب وادیوں آبشاروں کی کھنک سنائی دیتی ہے وہیں زبان کی سطح پر بھی کئی علاقائی الفاظ بھی ان کے نوک قلم سے ان کی کہانیوں میں آجاتے ہیں۔ کرشن چندر کا تعلق چونکہ خطہ پیر پنچال سے ہے لہذا یہاں کی زبان اور تہذیب و ثقافت سے بھلا ان کی تحریریں کیسے خالی ہوسکتی تھیں۔ کرشن چندر چاہے کسی بھی پیرائے میں لکھیں مگر لسانی سطح پر جب ہم ان کے افسانوں کا تجزیہ کرتے ہیں یا ان کے فکشن کا تجزیہ کرتے ہیں تو ہمیں اس میں خطہ پیر پنچال کی زبان ملتی ہے۔ اسے آپ فطری عمل کہہ سکتے ہیں کہ کوئی بھی ادیب اپنی زبان اور تہذیب و ثقافت کی جھلک سے تحریروں کو اچھوتا نہیں رکھ سکتا علاقائی زبانوں نے جہان دیگر ادیبوں کو متاثر کیا ہے جیسے بیدی کے یہاں پنجابی کا اثر ہے قرۃ العین کے ہاں اودھی کا اثر ملتا ہے تو وہی کرشن چندر کے یہاں پر بھی پہاڑی اور گوجری زبان کے اثرات صاف طور پر نظر اتے ہیں۔ لسانی سطح پر اگر کرشن چند کے افسانوں کا معائنہ کیا جائے تو یہ کہنا غلط نہ ہوگا کہ کرشن چندر بھی دیگر ادیبوں کی طرح علاقائی زبان کو اپنے ہاں برتتے ہیں۔ ان کا افسانہ کالو بھنگی کو ہی لے لیجئے کالو بھنگی کرشن چندر کی ایک ایسی تخلیق ہے جس موضوع پر شاذ و نادر ہی اردو فکشن نگاروں نے قلم اٹھایا ہوگا نہ صرف یہ افسانہ موضوع کی سطح پر منفرد ہے بلکہ خطہ پیر پنچال کی زبان تہذیب و ثقافت کی بھی بھرپور انداز میں عکاسی کرتا ہے ایک

طرف کرشن چندر نے نہایت ہی سینسٹو حساس موضوع پر چابک دستی سے ایک ایسے شخص کی نفسیاتی الجھنوں اور جنسی ضرورتوں پر بے باکانہ انداز میں لکھا ہے جسے معاشرے نے حاشیے پر ڈال دیا تھا۔ اس کے اندر کے انسان اور محبت کی بھوک خواہشات کا ذکر ہے وہیں دوسری طرف یہ افسانہ چونکہ خطہ پیر پنچال کے پس منظر میں تخلیق ہوا ہے اس لیے یہ کیسے ممکن تھا یہاں کی زبان کا دخل نہ ہو چونکہ کالو بھنگی کا کردار پونچھ کے علاقے سے وابستہ کردار کے طور پر پیش کیا گیا ہے۔ لہذا کرشن چندر نے ایسے بہت سے الفاظ اس افسانے میں شامل کیے ہیں جن کا تعلق اردو سے نہیں ہے۔ جیسے جنگلی پھلوں کے نام یا پھر چیزوں کے ایک جگہ کرشن چندر لکھتے ہیں

"جنگل کے راستے میں وہ انہیں بالکل اکیلا چھوڑ دیتا' لیکن پھر بھی گائے اور بکری دونوں اس کے ساتھ قدم ملائے چلے آتے تھے گویا تین دوست سیر کو نکلے ہیں۔ گائے نے سبز گھاس دیکھ کر منہ ماری تو بکری بھی جھاڑیوں سے پتیاں کھانے لگتی اور کالو بھنگی ہے کہ سملو توڑ توڑ کر کھا رہا ہے"

بحوالہ: "کرشن چندر کے دس بہترین افسانے" (ص ۱۳۶)

یہاں پر لفظ سملو کا استعمال ہوا ہے چونکہ سملو ایک جنگلی پھل ہے جو اونچی اونچی کانٹے دار جھاڑیوں پر لگتا ہے۔ جس کا رنگ پہلے سبز پھر ہلکا زرد اور پھر کالا ہو جاتا ہے۔ افسانے کا یہ اقتباس دیکھیا اس کے علاوہ کالو بھنگی کو جنگل کے ہر جانور چرند اور پرند سے شناسائی تھی۔ راستے میں اس کے پاؤں میں کوئی کیڑا آجاتا تو وہ اسے اٹھا کر جھاڑی پر رکھ دیتا' کہیں کوئی نیولہ بولنے لگتا تو یہ اس کی بولی میں اس کا جواب دیتا' تیتر' رت گلہ' گٹاری' لال چڑا' سبزہ محی' ہر پرندے کی وہ زبان جانتا تھا۔

اور ایک جگہ کرشن چندر نے کالو بھنگی میں گٹاری کا لفظ استعمال کیا ہے جو بھورے

رنگ کی چڑیا ہے اسی طرح کڑم کا ساگ یعنی ہرے پتوں والی بڑی سبزی اسی طرح الیس یعنی کدو جیسے الفاظ استعمال کیے ہیں خطہ پیر پنچال کی مقامی زبانیں گوجری و پہاڑی میں ہی یہ الفاظ رائج ہیں۔ جسے اہل اردو کے لیے سمجھنا مشکل ہے۔

افسانہ پورے چاند کی رات یوں تو یہ افسانہ وادی کشمیر کی دلفریب وادیوں کے پس منظر میں لکھا گیا ہے اس کی کہانی کی ہیروئن کشمیر کی دلفریب وادیوں کی حسین دوشیزہ ہیں۔ مگر افسانے کی زبان وادی کشمیر سے میل نہیں کھاتی اس افسانے میں کشمیری زبان کے الفاظ کا استعمال نہیں کیا گیا جو کہ وہاں کی علاقائی زبان ہے۔ اس کی بنسبت کرشن چند رنے اپنی مادری زبان کو بھرپور انداز میں برتا ہے۔ جیسے افسانے کی شروعات ہی موسم بہار کی آمد سے ہوتی ہے اور موسم بہار کا ذکر کرتے ہوئے کرشن چندر کچھ اس طرح لکھتے ہیں

"اپریل کا مہینہ تھا بادام کی ڈالیاں پھولوں سے لدی ہوئی تھی ہوا
میں برفیلی خنک کے باوجود پہاڑ کی سی لطافت آگئی تھی بلند و بالا
تنگوں کے نیچے مخملیں دوب پر کہیں کہیں برف کے ٹکڑے سپید
پھولوں کی طرح کھلے ہو آرہے تھے"

بحوالہ: "کرشن چندر کے دس بہترین افسانے" (ص ۶۰)

یہاں لفظ تنگ دراصل کرسمس کے درخت کے لیے استعمال ہوا ہے اسی طرح اس افسانے میں تلابڑے میدان ہری گھاس کے لیے جر دالو جسے زرد الو بھی کہتے ہیں۔ یہ تمام خطہ پیر پنچال کی زبان کے الفاظ ہیں۔

اسی طرح افسانہ لاہور سے بہرام گلہ پہلے تو افسانے کا موضوع جہاں دو علاقوں کے نام ہیں۔ ایک لاہور اور دوسرا بہرام گلا تو دراصل بہرام گلا خطہ پیر پنچال میں واقع ایک

تاریخی مقام ہے۔ جہاں ایک ہرن کا شکار کرتے ہوئے جہانگیر گر گیا تھا۔ اور پھر اسی واقعے سے اس کی موت واقع ہوئی اسی نسبت سے یہ ایک سیاحتی مقام کی حیثیت بھی رکھتا ہے۔ بات اگر اس افسانے کی کی جائے تو اس کے اندر کرشن چندر نے خطہ پیر پنجال کی زبان کی خوبصورتی کو ہی شاہکار نہیں بنایا بلکہ یہ تاریخی دستاویز کی حیثیت بھی رکھتا ہے۔ کرشن چندر نے اس افسانے میں ریاست پونچھ کی تاریخ قلعوں کا ذکر کیا ہے۔ جسے چینی سیاح ہیانگ سونگ نے اپنے سفر نامے میں لکھا ہے یہ کھنڈرات وقت کی نظر ہو گئے لیکن کرشن چندر نے ان کی عکاسی کر کے گویا انہیں ہمیشہ کے لیے زندہ رکھا ہے۔ اس لحاظ سے بھی یہ تاریخ دستاویز کی حیثیت رکھتا ہے۔ اس افسانے میں بھی کرشن چندر نے ککڑ یعنی (مرغا) سملو یعنی (جنگلی پھل) رات گلے (جنگلی پرندے) جیسے الفظ کا استعمال کیے ہیں۔ جو کہ مقامی زبان کے الفاظ ہیں۔

افسانہ ڈھکی دراصل افسانہ ڈھکی میں طبقاتی فرق اونچ نیچ رساو اور غرباء کے بیچ کے فرق کو نہایت مہارت سے واضح کرنے کی کامیاب کوشش کی ہے۔ یہ افسانہ اردو زبان میں ضرور تحریر کیا گیا ہے لیکن آپ کو اس کے عنوان سے لے کر اختتام تک نہ جانے کتنے ہی ایسے الفاظ مل جائیں گے جن کے مطالب اردو لغات میں ناپید ہیں عنوان ڈھکی یہ پہاڑی اور گوجری زبان میں مستعمل ہے۔ جس کے معنی چھوٹی پہاڑی

کے ہوتے ہیں لفظیات کی سطح پر ہی نہیں بلکہ افسانہ جس تہذیب کا علمبردار ہے وہ تہذیب خطہ پیر پنجال کے ساتھ ساتھ مخصوص ہے کہ کس طرح لوگ پہاڑی ڈھالانوں پر گھر بناتے ہیں ان کا رہن سہن کھان پان ہندو مسلم کا باہمی اتحاد میل جول لڑائی جھگڑے ان تمام واقعات کو اس مخصوص تہذیبی پس منظر میں پیش کیا گیا ہے۔

بات اگر افسانہ حسن اور حیوان کی کی جائے تو اس افسانے کی شروعات اونچی

پہاڑیوں سے اترتے ہوئے اپنی منزل تک پہنچنے کی تگ و دو سے شروع ہوتی ہے اس افسانے کو پڑھ کر لگتا ہے کہ سفر نامہ تحریر ہو رہا ہے جہاں سفر کرنے والا راستے میں آنے والی ہر چیز کا معائنہ نہایت باریکی سے کرتا ہے۔ اس افسانے میں خطہ پیر پنجال کے کئی رنگ ابھرتے ہیں غریب اور افلاس کے مارے لوگ جن کے لیے نمک کی قیمت ادا کرنا بھی محال تھا۔ لیکن کرشن چندر نے اس افسانے کے ذریعے نہایت ہی ذہانت سے اس بات کو باور کرایا ہے کہ خوشی کا تعلق دولت و ثروت سے نہیں ہوتا نمک نہ خرید پانے والے افراد بھی مکی کے موٹے موٹے نوالوں کو پانی سے نگل رہے ہیں۔ ان کے چہرے خوش باش ہیں۔ ان کی آنکھوں میں زندگی کی رمق باقی ہے۔ اس افسانے کے لفظیات کا جائزہ لیا جائے تو افسانے میں مقامی الفاظ کی بھرمار ہے۔ جسے سمجھنا اہل اردو کے لیے ممکن نہیں گٹاری (بھورے رنگ کی چڑیا) تریڑی یعنی (کھیرا) املوک (کالے رنگ کا جنگلی پھل) بٹنگ

(جنگلی پھل کا درخت جس پر بھورے رنگ کے پھل لگتے ہیں جو بعد میں سیاہ ہو جاتے ہیں) اور ان کا ذائقہ میٹھا ہوتا ہے "افسانہ گرجن کی ایک شام" اگر یہ کہا جائے تو غلط نہ ہوگا کہ یہ افسانہ خانہ بدوش قبائل کی روزمرہ کی زندگی میدانوں سے نکل کر سنگلاخ پہاڑیوں کو عبور کرتے ہوئے سرسبز و شاداب مرگوں تک پہنچنے اور ان میں مویشیوں کے ساتھ جفاکش زندگی گزارنے کی داستان ہے۔ یہ افسانہ خانہ بدوشوں کے مسائل کو درج کرتا ہے۔ غالباً اس سے پہلے کسی سیاح نے بھی ان کی روداد اور کٹھنائیوں کو اس جاندار طریقے سے نہیں پیش کیا جہاں سرسبز و شاداب وادیاں ہیں جس پر جنت کا گمان ہوتا ہے لیکن رات کے اندھیرے اور برفیلے طوفان کتنے ہی انسانوں کو اپنی اغوش میں لے کر دنیا کی نظروں سے چھپا کر صدیوں محفوظ رکھتے ہیں۔ جہاں خانہ بدوشوں کے اپنے عقائد ہیں

دیوتا ہیں جو انہیں طوفان سے محفوظ رکھتے ہیں، گویا کہ کرشن چندر کے اس افسانے کو پڑھ کر خانہ بدوشوں کی طرز زندگی پوری طرح سمجھ میں آتی ہے:

"طوفان نے ہمیں گھیر لیا تھا۔ دھند سفید تھی لیکن تاریکی سے بھی بدتر میرے اور ریوا کے درمیان جگدیش کہیں بیچ میں برف پر گرا ہوا تھا اور 'ہم اسے اٹھا نہ سکتے تھے۔ ریور کی آواز آئی "۔ توازن ٹھیک رکھو۔ رسی کو دائیں طرف جھٹکا دو۔ ایک۔۔۔ در۔۔۔ تین "۔۔ بڑا زور لگایا لیکن جگدیش آٹھ نہ سکا۔ آخر رسی کو پل دیتے ہوئے اور برچھے سے کچی گھر میں باندھتے ہوئے ہیں۔ا، دیوا اور جگدیش تینوں ایک مقام پر جمع ہو گئے۔ میں نیچے سے چل کر اوپر جگدیش کے پاس پہنچ گیا اور اسی طرح ریوا اوپر سے نیچے کر آتا ہوا جگدیش پاس آگیا۔ جگدیش گھٹنوں کے بل نہ ہوا کراہ رہا تھا۔ "کیا ہوا جگدیش؟ میں نے جھک کر جگدیش کو اٹھاتے ہوئے پوچھا۔ جگدیش سہارا لے کر اٹھ کھڑا ہوا مگر پھر فوراً برف پر بیٹھ گیا۔ مجھ سے تو اب ملا بھی مر جائے گا۔ پاؤں میں ضرب آئی ہے۔ چاروں طرف سفید دھند بھاگئی تھی۔ ہوا میں ایک وحشیانہ تیزی تھی۔ برف خاموشی سے گر رہی تھی۔" ہو۔۔۔۔ ہو آ۔۔۔۔ آ آ ہو۔۔۔۔ ہوا۔۔۔۔۔۔۔ ریوا نے دوبار سیٹی بجائی رسیٹی کی تیز آواز کسی نوک دار خنجر کی دھا طرح تلملاتی ہوئی طوفان کو چیرتی ہوئی گزر گئی اور پھر چاروں طرف سناٹا چھا گیا۔"

بحوالہ: "کرشن چندر کے سو افسانے" (ص ۱۰۴۱)

۔افسانہ " جرا اور جری " یہ افسانہ صرف گاؤں کے دو بھولے بھالے کرداروں جرا اور جری کی پاکیزہ محبت کی داستان تک محدود نہیں بلکہ کرشن چندر نے اس افسانے میں ہزاروں خاندانوں کی روداد کو نہایت ہی پر اثر انداز میں بیان کیا ہے۔ جنہیں ان کی مرضی کے بغیر کنٹرول لائن کی خونی لکیر کے ذریعے دو حصوں میں تقسیم کر دیا گیا یہ تقسیم خونی

رشتوں کی ہے، تہذیب و ثقافت کی ہے، مندروں کی ہے، مسجدوں کی ہے، کوہساروں کی ہے، آبشاروں کی ہے، کئی نوجوان دھڑکتے دلوں کی ہے۔ جہاں ایک ہی رات میں ان کی قسمت کے فیصلے کر دیے گئے چونکہ یہ افسانہ سرزمین پونچھ کے پس منظر میں تحریر ہے اسی لیے یہ وہ علاقہ ہے جسے سرحد نے دو حصوں میں تقسیم کر دیا ہے۔ لہذا اس میں تقسیم کا کرب ہے ایک ایسی تقسیم جو یکایک مسلط کی گئی تھی جس کی کوئی تیاری نہ تھی یہی سبب ہے کہ اس کے زخم بھی بہت گہرے تھے جو شاید اج بھی ہرے ہیں۔ لسانی نقطہ نظر سے جرا اور جری افسانہ اپنے عنوان سے ہی علاقائی زبانوں کے اثرات سے متاثر نظر آتا ہے اور افسانے کے اختتام تک یہ اثر غالب رہتا ہے۔ افسانے کا یہ اقتباس دیکھیے:

"ہاں گھراٹ کے اندر جاتے ہی وہ ایک لمحے کے لیے ٹھٹکی اور
کچھ ناامید سی ہو گی، کیونکہ گھراٹ چل نہیں رہا تھا۔ جرا چکی
کے پاٹ کھولے ہتوڑا اور کیل ہاتھ میں لیے پاٹکے دندانے
درست کر رہا تھا"

بحوالہ: "کتاب کا کفن" (ص ۱۱)

افسانہ نگار نے پن چکی کی جگہ گھراٹ کا لفظ استعمال کیا ہے۔ مویشیوں کے لیے ڈھوک چھوٹے ابشاروں کے لیے کول اور ڈنڈی کے لیے سوٹی کا لفظ استعمال کیا ہے یہ وہ لفظیات ہیں جو اس علاقے کی مقامی زبانوں سے وابستہ ہیں یہ افسانہ چونکہ خطہ پیر پنجال کی تہذیب و ثقافت کا علمبر دار ہے اس لیے اس میں وادیوں سبزہ زاروں کے سحر امیز فضاؤں میں معطر پاکیزہ عشق ہے اور شادی بیاہ کی رسمیں ہیں روایتی لباس اور علاقائی پیشہ پن چکی کا چلانا یا جانور پالنا ہے۔ گویا کہ یہ افسانہ ہی پوری خطے کی تہذیب کو سمجھنے کے لیے کافی ہے۔ مگر افسانے میں کلائیمکس قاری کو یک لخت جھنجوڑتا ہے۔ جب تقسیم کی لائن

صرف دریا پر بہتے پل کو ہی نہیں توڑتی بلکہ زمانہ قدیم سے چلی آرہی روایتوں کو نوجوانوں نسل کو جدا کر دیتی ہے۔ جنہیں دور سے دیکھا تو جا سکتا ہے۔ ملایا نہیں جا سکتا دریا کے دونوں کنارے سدا ساتھ چلتے ہوئے مختلف ملکوں سے منسلک ہیں۔

✻ ✻ ✻

کرشن چندر: ایک عظیم افسانہ نگار

ادیب آن لائن

کرشن چندر اردو کے مشہور و معروف افسانہ نگار ہیں۔ ان کی پیدائش ۲۳ نومبر ۱۹۱۴ء کو وزیر آباد، ضلع گجرانوالہ، پنجاب (پاکستان) میں ہوئی تھی۔ ان کے والد گوری شنکر چوپڑا میڈیکل افسر تھے جنہوں نے کرشن چندر کی تعلیم کا خاص خیال رکھا۔ کرشن چندر نے چونکہ تعلیم کا آغاز اردو اور فارسی سے کیا تھا اس لئے اردو پر ان کی گرفت کافی اچھی تھی۔ انہوں نے ۱۹۲۹ء میں ہائی اسکول کی تعلیم مکمل کی اور ۱۹۳۵ء میں انگریزی سے ایم اے کی سند حاصل کی۔

چونکہ کرشن چندر نے پنجاب اور کشمیر کی آب و ہوا میں ہوش سنبھالا اس لئے ان کے اکثر افسانوں اور ناولوں میں رومانیت کا عنصر زیادہ دیکھنے کو ملتا ہے۔ یہی سبب ہے کہ ان کے شروعاتی افسانے اس وقت کے سماجی پہلوؤں کو بہتر انداز میں پیش نہیں کر پاتے ہیں۔ لیکن دھیرے دھیرے جب ان کے ذہن نے پختگی اختیار کی اور سماجی معاملات سے ان کا سابقہ پڑا تو تحریری لہجے میں بھی تبدیلی دیکھنے کو ملی اور اس میں حقیقت پسندی کے ساتھ ساتھ طنز کا عنصر بھی شامل ہوتا چلا گیا۔

انہوں نے اپنے افسانوں میں اس دور کے معاشی، سیاسی اور سماجی صورت حال کی خامیوں، مثلاً بیجا رسم و روایات، مذہبی تعصبات، آمرانہ نظام اور تیزی سے اُبھرتے

ہوئے دولت مند طبقہ کے منفی اثرات وغیرہ جیسے موضوعات کو شامل کیا۔ حقیقت تو یہ ہے کہ آخر میں تحریر کئے گئے ان کے زیادہ تر افسانوں میں زندگی کے اعلیٰ معیار اور اس کے اقدار پر بحث کی گئی ہے۔ غالباً یہی وجہ ہے کہ انہیں پڑھنے اور پسند کرنے والوں کی تعداد بہت زیادہ ہے۔ ان کی کئی تصنیفات، مثلاً 'کالو بھنگی'، 'مہا لکشمی' اور 'ایک گدھے کی سرگزشت' وغیرہ قارئین کے ذہن میں اچھی خاصی جگہ بنا لیتی ہیں اور بار بار پڑھے جانے کے باوجود انہیں دوبارہ پڑھنے کے لئے مجبور کرتی ہیں۔ دوسرے الفاظ میں کہا جائے تو ان تصنیفات نے لازوال شکل اختیار کرلی ہے۔ کرشن چندر اپنے ہمعصر افسانہ نگاروں میں کافی مختلف تھے۔ کرشن چندر کو اردو زبان پر جو عبور حاصل تھا وہ شاید دوسروں کا مقدر نہیں۔ ان کی خوبصورت زبان قاری کو آغاز میں ہی اپنے قبضے میں لے لیتی ہے اور افسانہ کے آخر تک اس سے باہر نکلنے کا موقع نہیں دیتی۔

کرشن چندر کی خوبیوں کے معترف اردو کے معروف ناقد گوپی چند نارنگ بھی ہیں۔ وہ کہتے ہیں کہ۔ "کرشن چندر اردو افسانے کی روایت کا ایک ایسا لائق احترام نام ہے جو ذہنوں میں برابر سوال اٹھاتا رہے گا۔ ان کے معاصرین میں سعادت حسن منٹو اور راجندر سنگھ بیدی بے حد اہم نام ہیں۔ یہ حقیقت ہے کہ کرشن چندر ۱۹۵۵ء سے ۱۹۶۰ء تک اپنا بہترین ادب تخلیق کر چکے تھے۔ ان کا نام پریم چند کے بعد تین بڑے افسانہ نگاروں میں آئے گا"۔

کرشن چندر کے افسانوں کو مد نظر رکھتے ہوئے بلا مبالغہ اس بات کا اعتراف کیا جا سکتا ہے کہ وہ نہ صرف محبت کے جذبہ اور احساس کو پورے انہماک اور حساسیت کے ساتھ اپنی کہانیوں میں پیش کرتے تھے بلکہ سماجی برائیوں کو بھی انتہائی کامیابی کے ساتھ قارئین کے سامنے رکھتے تھے۔ وہ ترقی پسند تحریک سے وابستہ تھے اور اسی لئے عام انسان

کے حقوق کی بات کرتے تھے۔ ان کے دل میں امیروں کے تئیں بغاوت اور بدلے کا جذبہ تھا۔

'زندگی کے موڑ پر' اور 'بالکونی' جیسے رومانی افسانے نہ صرف جذباتی ہیں بلکہ قاری کو سوچنے پر بھی مجبور کرتے ہیں۔ جہاں ایک طرف 'زندگی کے موڑ پر' افسانہ پنجاب کی قصباتی زندگی کی انتہائی رومانی شبیہ پیش کرتا ہے، وہیں 'بالکونی' کشمیر کی خوبصورتی اور آب وہوا کو مرکز نگاہ میں رکھ کر لکھی گئی۔ کرشن چندر کے یہ رومانی افسانے دوسرے افسانہ نگاروں کے ذریعہ لکھے گئے افسانوں سے انتہائی مختلف ہیں کیونکہ وہ ان افسانوں میں بھی روزمرہ کے عمل کے اندر سماجی عنصر کی تلاش کر لیتے ہیں۔ گویا کہ کرشن چندر کے رومانی افسانوں کی دنیا وہ دنیا نہیں ہے جیسا کہ محمد حسن عسکری نے تحریر کیا ہے کہ-"اب رہی وہ رومانیت جسے عام طور پر کرشن چندر سے منسوب کیا جاتا ہے اور اس کے وہ افسانے جنہیں رومانی کہا جاتا ہے۔ تھوڑی دیر کے لئے اگر یہ مان بھی لیا جائے کہ یہ افسانے رومانی ہیں، تب بھی کرشن چندر کی رومانیت دوسروں سے کافی مختلف ہے۔ وہ رومان کی تلاش میں ہجرت کر کے مالدیپ نہیں جاتا بلکہ یہ کوشش کرتا ہے کہ روزمرہ کی زندگی میں رومان کے امکانات ہیں یا نہیں۔ درحقیقت یہ افسانے رومانی نہیں ہیں بلکہ رومان کے چہرے سے نقاب اٹھاتے ہیں"۔ کرشن چندر نے ہندوستان کی تقسیم کے موقع پر ہونے والے فرقہ وارانہ فسادات کو بنیاد بنا کر بھی کئی افسانے لکھے جن میں 'اندھے'، 'لال باغ'، 'جیکسن'، 'امرتسر' اور 'پیشاور ایکسپریس' وغیرہ قابل ذکر ہیں۔ ان افسانوں میں کرشن چندر نے اس وقت کی سیاست کے عوام مخالف کرداروں پر بلا جھجک اپنے خیالات کا اظہار کرتے ہوئے سیاسی برائیوں سے پیدا شدہ ماحول پر ضرب کرتے ہوئے انسانی رشتوں اور جذبات کو اہمیت دی ہے۔ وہ ان افسانوں میں فرقہ واریت کی اصل ذہنیت اور صورت

حال کا باریک بینی سے جائزہ لیتے ہیں اور فرقہ وارانہ ہم آہنگی کو فروغ دینے کے لئے انسانیت پر مبنی سماجی نظام کی تعمیر پر زور دیتے ہیں۔ ان کے یہ افسانے ہندوستانی ادب میں انسانیت کی حق میں آواز اٹھانے کا کام انجام دیتے ہیں اور قارئین کو غور و فکر کرنے پر مجبور کرتے ہیں۔ وہ اپنے ان خیالات کو اس خوبصورتی سے پیش کرتے ہیں کہ بات دل میں اترتی چلی جاتی ہے۔

کرشن چندر کے نادار افسانوں میں 'کالو بھنگی' کافی اہمیت رکھتا ہے۔ اس کہانی میں انہوں نے چھوٹی ذات سے تعلق رکھنے والے کالو بھنگی کے ذریعہ پسماندہ طبقات کی پریشان حال زندگی اور ان کے مسائل سے روشناس کرانے کی کامیاب کوشش کی ہے۔ اس کہانی میں صرف کالو بھنگی کی پریشانیوں اور جدوجہد کو ہی پیش نہیں کیا گیا ہے بلکہ پورے سماج کی پست ذہنیت کو بھی ظاہر کیا گیا ہے اور انہونے یہ سب اتنے بے باک انداز میں کیا ہے کہ بات دل کو چھو جاتی ہے۔

ایسی بات نہیں ہے کہ کرشن چندر صرف افسانہ نگاری کے لئے ہی معروف ہیں بلکہ انہوں نے ڈیڑھ درجن سے زائد ناول لکھے ہیں۔ ان ناولوں میں سے ان کی ایک شاہکار تصنیف ہے 'ایک گدھے کی سرگزشت'۔ یہ تصنیف ہندوستانی ادب میں انہیں ایک علیحدہ شناخت فراہم کرتی ہے۔ انہوں نے 'ایک گدھے کی سرگزشت' میں ملک کی سیاست، حکومت اور سرکاری دفاتر کے کردار سے ہمیں انتہائی دلچسپ انداز میں روبرو کرایا ہے۔ اس مزاحیہ تصنیف کا اہم کردار ایک گدھا ہے جسے کرشن چندر نے ایک محنت کش اور مزدور طبقہ کے طور پر پیش کیا ہے۔ اس گدھے کے ذریعہ انہوں نے عام آدمی کی موجودہ صورت حال کو عیاں کرتے ہوئے ملک کے نظام میں پوشیدہ خامیوں کو انتہائی چالاکی اور بے باکی کے ساتھ پیش کیا ہے۔ کرشن چندر نے ایک گدھے کا سہارا لے کر اس وقت کے

حکمراں اور لیڈران کو کچھ اس انداز میں نشانہ بنایا ہے کہ وہ زخمی تو ہوتے ہیں لیکن مصنف پر کسی طرح کا الزام عائد نہیں کر پاتے۔

ان کا یہ مزاحیہ ناول رسالہ 'شمع' میں قسط وار شائع ہوا تھا اور لوگوں نے اسے کافی پسند کیا تھا۔ یہی سبب ہے کہ جب 'ایک گدھے کی سرگزشت' ختم ہوگئی تو لوگوں کا اصرار ہوا کہ اس کو مزید آگے بڑھایا جائے۔ لوگوں کی گزارش کو دھیان میں رکھتے ہوئے کرشن چندر نے 'گدھے کی واپسی' کے عنوان سے ایک نیا ناول تحریر کیا۔ بعد ازاں انہوں نے تیسرا ناول 'ایک گدھا نیفا میں' بھی تحریر کیا۔ ان تینوں ہی ناولوں نے بے انتہا مقبولیت حاصل کی اور اردو، ہندی کے علاوہ متعدد زبانوں میں اس کے کئی ایڈیشن شائع ہوئے۔

یہ بات بہت کم لوگ جانتے ہیں کہ صرف کرشن چندر نے ہی اردو کی خدمت نہیں کی تھی، بلکہ ان کے پورے خاندان نے دل و جان سے اردو کی ترویج و ترقی میں اپنا اہم کردار نبھایا۔ ان کے چھوٹے بھائی مہندر ناتھ نے بھی اردو افسانہ نگاری میں ایک نئے اسلوب کے ساتھ قدم رکھا تھا لیکن انہیں کرشن چندر جیسی شہرت و مقبولیت حاصل نہیں ہو سکی۔ ان کی بہن سرلا دیوی کے بارے میں بھی بتایا جاتا ہے کہ انہوں نے کئی بہترین اردو افسانے تحریر کئے۔ لیکن افسوسناک بات یہ ہے کہ انہوں نے اپنا ذہنی توازن کھو دیا جس کے سبب پڑھنا لکھنا سب کچھ ختم ہو گیا۔ سرلا دیوی کے شوہر ریوتی شرن شرما بھی ایک شہرت یافتہ شخصیت رہ چکے ہیں اور انہوں اردو ڈرامہ اور اسٹیج کو زندہ کیا تھا۔ گویا کہ اردو ادب پر صرف کرشن چندر کے ہی احسانات نہیں ہیں بلکہ ان کے خاندان کے کئی افراد نے بھی اردو کی ترقی میں اپنا اہم تعاون پیش کیا ہے۔

قانون کی تعلیم حاصل کرنے والے کرشن چندر کی بالی ووڈ میں بھی شناخت تھی اور یہاں بھی وہ کافی مقبول ہوئے۔ انہوں نے کئی فلموں کی کہانیاں، منظرنامے اور مکالمے تحریر کئے۔ 'دھرتی کے لال'، 'دل کی آواز'، 'دو چور'، 'دو پھول'، 'من چلی'، 'شرافت' وغیرہ

ایسی فلمیں ہیں جنہوں نے کرشن چندر کی صلاحیتوں کو فلم ناظرین کے سامنے پیش کیا۔

کرشن چندر نے اپنی تحریری صلاحیتوں کو مختلف ذرائع سے لوگوں کے سامنے رکھا اور داد و تحسین حاصل کی۔ یہی سبب ہے کہ ۸ مارچ ۱۹۷۷ء میں جب ان کا انتقال ہوا تو محبان اردو نے اسے اردو ادب کے لئے ایک ناقابل تلافی نقصان تصور کیا تھا۔ دلچسپ امر یہ ہے کہ وہ مسلسل لکھتے رہے اور جب ان کا انتقال ہوا تو بھی وہ ایک مضمون بعنوان 'ادب برائے بطخ' لکھ رہے تھے۔ افسوس کی بات ہے کہ انہوں نے اپنے اس مضمون کا آغاز تو کر دیا لیکن اسے ختم کرنے سے قبل خود ہی اس دارِ فانی کو الوداع کہہ دیا۔

آج کرشن چندر اس دنیا میں نہیں ہیں لیکن ان کے افسانے، ان کے ناول اور ان کے تحریر کردہ مضامین موجود ہیں۔ کرشن چند کے محبان اس کا مطالعہ کر رہے ہیں اور استفادہ بھی حاصل کر رہے ہیں۔ انہوں نے اپنے طویل ادبی سفر کے دوران جو کچھ محسوس کیا اسے اپنی تحریروں کے ذریعہ لوگوں کے سامنے رکھ دیا اور اب وہی شاہکار کی شکل میں لوگوں کی زندگی میں رومانیت کا عنصر پیدا کرنے کے ساتھ ساتھ سماجی بیداری کا کام بھی انجام دے رہی ہیں۔ انہوں نے اپنے قلم کے ذریعہ نہ صرف اردو کی خدمت کی ہے بلکہ سماج کی برائیوں کو بھی اجاگر کیا ہے۔

کرشن چندر کی تصنیفات ادب کے لئے ایک خاص اہمیت رکھتی ہیں۔ نئے دور میں بھی ان کی کہانیاں قاری کو ترغیب دینے کا کام انجام دیتی رہیں گی۔ اردو ادب سے کرشن چندر کا تعلق دیکھئے، ۸ مارچ ۱۹۷۷ء کو اپنے ڈیسک پر انہوں نے 'ادب برائے بطخ' کے عنوان سے ایک طنزیہ مضمون لکھنا شروع کیا۔ ابھی اس مضمون کی ایک لائن 'نورانی کو بچپن سے ہی پالتو جانوروں کا شوق تھا، کبوتر، بندر، رنگ برنگی چڑیاں' بھی مکمل نہ کی تھا کہ حرکت قلب بند ہوئی اور وہ مالک حقیقی سے جا ملے۔

***

انسان دوست افسانہ نگار کرشن چندر

عرفان عارف

کرشن چندر محض افسانہ نگار نہیں ایک عہد ساز شخصیت کا نام ہے۔ اردو تخلیقی ادب کے اُفق پر فکر و فن کی مقبولیت میں میرؔ، غالبؔ اور اقبالؔ کے بعد کرشن چندر سب سے اونچے مینار کی حیثیت رکھتے ہیں۔ ان کا شمار ان شاعروں اور ادیبوں میں ہوتا ہے جنھوں نے ترقی پسند تحریک کو شہرت اور آبرو بخشی ہے۔ خوشتر گرامی نے "کرشن چندر کو ایشیا کا سب سے بڑا افسانہ نگار سمجھا ہے، وزیر آغا نے کرشن چندر کو " اردو افسانے کا پیش رو " قرار دیا ہے۔ احمد ندیم قاسمی ان کو " اردو افسانے کا شہنشاہ " مانتے ہیں۔ برج پریمی نے انھیں " اردو افسانے کی آبرو " کہا ہے۔ محمد علی صدیقی کی نظر میں کرشن چندر " عظیم افسانہ نگار " ہیں۔ انتظار حسین نے ان کے عہد کو " اردو افسانے کی تاریخ میں ایک انقلاب آفرین عہد سمجھا ہے۔ "، دیپک بدکی "کرشن چندر کو کہانی کی دنیا کا جادوگر" مانتے ہیں، شاہد ساز ان کو " اردو افسانے کا legend " کہتے ہیں، قرۃ العین حیدر کو ان کے یہاں 'Lyrical realism' ملتا ہے۔ ساحر لدھیانوی نے کرشن چندر کو "کسی ایک قوم، ایک نسل یا ایک فرقے کا ادیب نہیں، ساری انسانیت کا ادیب " مانا ہے۔ " بقول خواجہ عبدالغفور "ترقی پسند ادب کی سب سے بڑی دریافت کرشن چندر ہیں۔

کرشن چندر نے قلم اور صرف قلم کے سہارے جیا ہے۔ کرشن چندر نے اپنے

قارئین کے لئے جیا ہے۔ انھوں نے صرف جینا ہی نہیں سکھایا ہے بلکہ عزت کے ساتھ جینے کا احساس اور شعور بھی دلایا ہے۔ اردو کے اس عہد آفرین افسانہ نگار کی انسان دوستی اور ہمدردی کے حوالے سے پروفیسر گوپی چند نارنگ کرشن چندر نے لکھتے ہیں کہ

"کرشن چندر نے ہمیشہ خوبصورتی کو چاہا اور انسان کو پوجا۔ اس حد تک کہ کبھی کبھی فن کی دیوی سے بھی غماض برتا۔ وہ اردو کے محبوب ترین افسانہ نگاروں میں تھے۔ انسانی قدروں کے مرقع نگار کی حیثیت سے اردو میں کرشن چندر کی حیثیت ہمیشہ رہے گی۔ عوام اور خواص میں جتنی مقبولیت کرشن چندر کو نصیب ہوئی وہ بہت کم لوگوں کو میسر آئی ہے۔ ان میں تین باتیں خاص تھیں۔ مناظرِ فطرت سے والہانہ محبت، اخلاص سے معمور انسان دوستی اور جذبات سے تھرتھراتا ہوا سادہ اور خوبصورت اسلوب۔"

کرشن چندر نے اردو افسانوی ادب میں جو ہمہ گیری اور ہمہ جہتی، جو بلندی اور وسعت، جو گہرائی اور گیرائی عطا کی ہے اس کی مثال ہماری ادبی تاریخ میں شاذ و نادر ہی ملے گی۔ وہ بڑے ادیب تو تھے ہی لیکن ایک عظیم انسان بھی تھے۔ پریم چند کے بعد ان سے بڑا فطرت شناس کوئی پیدا نہیں ہوا ہے۔ ان کی فطرت میں شرافت اور محبت کوٹ کوٹ کر بھری تھی۔ ان کا ذہن زرخیز اور مزاج میں بے حد انکساری تھی۔ انھوں نے کسی کی تقلید نہیں کی اور نہ ہی کسی ایک روش پر قائم رہے۔ اس لیے انھوں نے موضوع، مواد، فن، ہیئت، اسلوب اور

تیکنک کے حوالے سے اردو افسانے میں بیش بہا اضافے کیے۔ خواجہ احمد عباس بھی لکھتے ہیں کہ "جب کوئی افسانہ لکھنے بیٹھتا تو یہ کوشش ہوتی کہ میرے افسانے میں بھی کرشن چندر جیسی جھلک آجائے۔"

یہ ایک حقیقت ہے کہ کرشن چندر کے اسلوب کی تقلید ان کے فوراً بعد آنے والی

پوری نسل نے کی جن کے لیے وہ میر کارواں ثابت ہوئے۔

چلی ڈگر پر کبھی نہ چلنے والا میں۔۔ نئے انوکھے موڑ بدلنے والا میں

پریم چند کے بعد اردو افسانے کی عمارت کو مضبوط، مستحکم اور پائیدار شناخت عطا کرنے والے اربابِ اربعہ میں کرشن چندر ایک اہم اور بنیادی ستون کی حیثیت رکھتے ہیں۔ کرشن چندر کی کہانیاں صرف ان کے فلسفوں کی وجہ سے نہیں جانی جاتی ہیں بلکہ اس لئے کہ وہ زندگی کے بہت قریب ہوتی ہیں۔ ان میں تصورات سے زیادہ سچ لکھا گیا ہوتا ہے۔ وہ آسمانی تخیل سے نہیں زمینی حقیقت سے کام لیتے ہیں۔ ان کی کہانیوں میں رومانیت بھی کسی دوسری دنیا کی نہیں بلکہ اپنے آس پاس کی معلوم ہوتی ہے۔ ان کی کہانیوں میں لفاظی کم اور سادہ بیانی زیادہ پائی جاتی ہے جس کی وجہ سے پڑھنے والے خود کہانی کا ایک کردار بن جاتے ہیں کہانی ان کی اپنی ہو جاتی ہے۔ ان کی کہانیوں کا عام موضوع انسان دوستی، عام زندگی، عام لوگ اور عام رشتے ہوتے ہیں۔ ان کے ہاں جنس اور نفسیات سے زیادہ زندگی کے وژن کی کہانی پائی جاتی ہے۔ انھوں نے استعارات، تشبیہات اور کنایوں سے بہت کام لیا ہے۔ کرشن چندر کے فن پر بات کرتے ہوئے احتشام حسین لکھتے ہیں کہ

"تکنیک ان کے ہاتھوں میں گیلی مٹی کی طرح ہے جسے وہ اپنے غیر معمولی فن اور ادراک کی مدد سے حسین سانچوں میں ڈھال سکتے ہیں"

کرشن چندر کے فن پر اپنی رائے کا اظہار کرتے ہوئے افسانوی ادب کے نباض وناقد وقار عظیم اپنی کتاب "نیا افسانہ" میں تحریر کرتے ہیں:

"کرشن چندر کے جسم میں ایک درد مند اور حساس دل ہے اور اس درد مند اور حساس دل نے انھیں دنیا کی مختلف النوع چیزیں دکھائی ہیں۔ ایک طرف تو کشمیر کی جنت نظیر وادیوں کے وہ ان گنت مناظر ہیں جو ان کی نظر میں کھبے ہوئے ہیں، ہر منظر اپنی

تفصیلوں میں دوسرے سیمختلف، لیکن مجموعی حیثیت سے ایک رومانی لذت اور سرور کا حامل۔ کرشن چندر کے افسانوں میں ان مناظر کے علاوہ اور کچھ بھی نہ ہوتا تو پڑھنے والے انھیں صرف شاعرانہ مناظر کی وجہ سے اپنے دلوں میں جگہ دیتے۔ لیکن ان کی نظر نے اس حسن فطرت کی گود میں پروان چڑھتے ہوئے نسوانی حسن کو بھی دیکھا ہے۔ اور کرشن چندر نے ان دو حسنوں کو ملاکر اس میں اپنے دل کا درد شامل کیا ہے اور اس طرح اس رنگین اور کیف آور تصویر کو اور بھی زیادہ رنگین بنایا ہے۔"

کرشن چندر کے اسلوبِ نگارش کے بارے میں علی سردار جعفری فرماتے ہیں۔" سچی بات یہ ہے کہ کرشن چندر کی نثر پر مجھے رشک آتا ہے۔ وہ بے ایمان شاعر ہے جو افسانہ نگار کا روپ دھار کے آتا ہے اور بڑی بڑی محفلوں اور مشاعروں میں ہم سب ترقی پسند شاعروں کو شرمندہ کرکے چلا جاتا ہے۔ وہ اپنے ایک ایک جملے اور فقرے پر غزل کے اشعار کی طرح داد لیتا ہے اور میں دل ہی دل میں خوش ہوتا ہوں کہ اچھا ہوا اس ظالم کو مصرع موزوں کرنے کا سلیقہ نہ آیا ورنہ کسی شاعر کو پنپنے نہ دیتا۔"

اردو ادب کے گیسو سنوارنے اور نثر میں شاعری کرنے والے کرشن چندر کے بارے میں قمر رئیس فرماتے ہیں کہ "کرشن چندر نے اردو زبان میں انسانی وجود کی، اس کے قلب کی، ان سوئی ہوئی وادیوں کو جگایا تھا جہاں کسی اور کی رسائی نہ ہو سکی۔۔۔ ان کی کہانیوں میں انسان کے مقدس اور معصوم جذبات دل کی طرح دھڑکتے ہوئے محسوس ہوتے ہیں۔ آہوں اور آنسوؤں، امیدوں اور مایوسیوں اور قہقہوں اور مسکراہٹوں سے آنکھ مچولی کھیلتے ہوئے یہ انسانی جذبات ہی اس کا سرمایۂ حیات ہیں۔"

کرشن چندر دنیا کے ان عظیم فنکاروں میں سے ہیں جن کی تخلیقات کا دنیا کی بے شمار زبانوں میں ترجمہ ہوا ہے۔ کرشن چندر کی سب سے بڑی طاقت ان کا اسلوب ہے اور یہی

وہ طاقت ہے جو انہیں ہمیشہ زندہ رکھے گی۔ ان کی کہانیوں کو پڑھتے وقت ایسا خمار طاری ہوتا ہے جس میں سرور ہی سرور ہوتا ہے۔ تلخی نام کی کوئی چیز نہیں، ہاں مگر ان کی کہانیاں پڑھ کر بے چینی ضرور ہوتی ہے۔ بھولی بسری یادیں رُلاتی ہیں۔ سچ تو یہ ہے کہ کرشن چندر نام ہے ایک ایسے اسلوب کا جس کے وہ خود موجد تھے۔ کرشن چندر اردو کے مشہور و معروف افسانہ نگار ہیں۔ ان کے جائے پیدائش کو لے کر محققین میں اختلاف پایا جاتا ہے کچھ کے مطابق کرشن چندر ۲۳ نومبر ۱۹۱۴ء کو وزیر آباد، ضلع گجرانوالہ، پنجاب (پاکستان) میں پیدا ہوئے ہیں، کچھ ۲۶ نومبر ۱۹۱۳ء بتاتے ہیں، بعض بھرت پور راجستھان مانتے ہیں، بعض امبالہ پنجاب لکھتے ہیں لیکن کچھ برس پہلے پونچھ کے رہنے والے ڈاکٹر لیاقت جعفری کو دیے گئے انٹریو میں کرشن چندر کی بیوی سلمیٰ صدیقی نے صاف طور پر کہا ہے کہ خود کرشن چندر کی ماں کے مطابق ان کی پیدائش پونچھ ہی میں ہوئی تھی اور ماں سے بہتر کون جانتا ہے۔ ان کے والد گوری شنکر چوپڑا میڈیکل افسر تھے اور والدہ امر دیوی دونوں نے کرشن چندر کی تعلیم کا خاص خیال رکھا۔ کرشن چندر کی ایک بہن سرلا دیوی اور بھائی مہندر ناتھ بھی ان سے بے حد محبت کرتے تھے، کرشن چندر نے چونکہ تعلیم کا آغاز اردو اور فارسی سے کیا تھا اس لئے اردو پر ان کی گرفت کافی اچھی تھی۔ انہوں نے ابتدائی تعلیم گورنمنٹ پرائمری اسکول مینڈر اور دسویں جماعت تک کی تعلیم وکٹوریہ جوبلی ہائی اسکول پونچھ سے مکمل کی جیسے آج ماڈل بوائز ہائر اسکنڈری اسکول کے نام سے جانا جاتا ہے (میں پونچھ کے ان خوش نصیب طلبا میں سے ہوں جن کی تعلیم و تربیت اسی سکول سے ہوئی ہے) بعد ازاں کرشن چندر والد کے ساتھ لاہور چلے گئے جہاں فارمن کرسچین کالج میں داخل ہو گئے۔ ان کے بھائی مہندر ناتھ لکھتے ہیں کہ

"جب کرشن جی ایف۔ اے میں تھے تو کالج سے بھاگ کر بھگت سنگھ کے گروہ میں

شریک ہو گئے جب واپس گھر لوٹے تو پولیس نے گرفتار کر کے لاہور کے قلعہ میں نظر بند کر دیا۔ جب پولیس کو ان کے خلاف کوئی ثبوت نہ ملا تو دوماہ کی نظر بندی کے بعد رہا کر دیا"

کرشن چندر نے ۱۹۳۲ء میں بی۔ اے پونچھ کالج سے کیا، ۱۹۳۴ء میں الف۔ سی کالج لاہور سے انگریزی ادب میں ایم۔ اے کیا اور ۱۹۳۷ء میں گورنمنٹ کالج لاہور سے ایل۔ ایل۔ بی کی ڈگری حاصل کی۔ ۱۹۳۷ ء میں آل انڈیا ریڈیو لاہور میں پراگرام اسسٹنٹ کا عہدہ سنبھلا۔ لاہور میں ان کی ملاقات صلاح الدین احمد، مرزا ادیب، میراجی ، احمد ندیم قاسمی، عاشق حسین بٹالوی، دیویندر ستیارتھی، ممتاز مفتی، فیاض محمود اور چودھری نذیر احمد سے ہوئی۔ ۱۹۳۸ء میں دہلی آئے، جہاں ان کی ملاقات سعادت حسن منٹو، ن۔ م۔ راشد، محمد دین تاثیر، فیض احمد فیض، ریوتی سرن شرما، جگن ناتھ آزاد، چراغ حسن حسرت اور ہنس راج سے ہوئی۔ دہلی میں ہی ان کی ملاقات شاہد احمد دہلوی سے بھی ہوئی۔ لکھنؤ میں ان کی فراق گورکھپوری، احتشام حسین، مجاز، سبط حسن اور حیات اللہ انصاری جیسے شاعروں اور ادیبوں سے ملاقات کا شرف حاصل ہوا۔ ۱۹۳۹ء میں ان کی پہلی شادی شریمتی دیاوتی سے ہوئی تھی جن سے ان کی دو لڑکیاں کپلا اور الکا اور اکلوتا بیٹا رنجن ہوئے تھے۔ ۱۹۴۲ء میں ڈبلو زیڈ احمد کے بلاوے پر پونا اور ۱۹۴۴ء میں دیویکا رانی کے بلاوے پر بمبئی گئے تھے۔ بمبئی میں ۱۹۵۳ء میں ان کی ملاقات سلمٰی صدیقی سے ہوئی۔ ۱۹۶۶ء میں شریمتی اندرا گاندھی کے ہاتھوں سوویت لینڈ نہرو ایوارڈ حاصل کیا۔ ۱۹۶۹ء میں جشنِ کرشن چندر منایا گیا اس کی افتتاحی تقریب کی صدارت اس وقت کی وزیر اعظم شریمتی اندرا گاندھی نے کی تھی۔ ۲۶ جنوری ۱۹۶۹ء میں ان کو پدم بھوشن ایوارڈ سے نوازا گیا۔

مجھ کو در پردہ سُناتا رہا قصہ اپنا۔۔ اگلے وقتوں کی حکایت سُنانے والا

کرشن چندر نے پونچھ، پنجاب اور کشمیر کی خوب صورت اور دلکش آب و ہوا میں ہوش سنبھالا ہے اس لئے ان کے اکثر کہانیوں میں رومانیت کا عنصر زیادہ دیکھنے کو ملتا ہے۔ یہی سبب ہے کہ ان کے شروعاتی افسانے اس وقت کے سماجی پہلوؤں کو بہتر انداز میں پیش نہیں کر پاتے ہیں لیکن دھیرے دھیرے جب ان کے ذہن نے پختگی اختیار کی اور سماجی معاملات سے ان کا سابقہ پڑا تو تحریر میں بھی تبدیلی دیکھنے کو ملی اور اس میں حقیقت پسندی کے ساتھ ساتھ طنزیہ عنصر بھی شامل ہوتا چلا گیا۔ انہوں نے اپنے افسانوں میں اس دور کے معاشی، سیاسی اور سماجی صورت حال کی خامیوں کو اپنے موضوعات میں شامل کیا۔ ان کے زیادہ تر افسانے زندگی کے اعلیٰ معیار اور اس کے اقدار پر بحث کرتے ہوئے نظر آتے ہیں۔ یہی وجہ ہے کہ انہیں پڑھنے والوں اور پسند کرنے والوں کی تعداد بہت زیادہ ہے۔ ان کی کئی تخلیقات مثلاً 'کالو بھنگی'، 'مہا لکشمی کا پُل' اور 'ایک گدھے کی سرگزشت' وغیرہ قارئین کے ذہن میں اچھی خاصی جگہ بنا لیتی ہیں اور بار بار پڑھے جانے کے باوجود انہیں دوبارہ پڑھنے کے لئے مجبور کرتی ہیں۔ ان کا یہی خوبصورت اسلوب اور اندازِ بیان قاری کو شروع سے آخر تک اپنے قبضے میں لیے رہتا ہے۔ ان کی انہی خوبیوں کے معترف اردو کے معروف ناقد گوپی چند نارنگ بھی کہتے ہیں کہ۔"کرشن چندر اردو افسانے کی روایت کا ایک ایسا لائق احترام نام ہے جو ذہنوں میں برابر سوال اٹھاتا رہے گا۔ ان کے معاصرین میں سعادت حسن منٹو اور راجندر سنگھ بیدی بے حد اہم نام ہیں۔ یہ حقیقت ہے کہ کرشن چندر ۶۰۔۱۹۵۵ء تک اپنا بہترین ادب تخلیق کر چکے تھے۔ ان کا نام پریم چند کے بعد تین بڑے افسانہ نگاروں میں آئے گا"۔۲۱ کرشن چندر صرف افسانہ نگاری کے لئے ہی مشہور و معروف نہیں ہیں بلکہ انہوں نے سو سے بھی زیادہ کتابیں لکھی ہیں جن میں ۲۰ ناول، ۷ ڈراموں کے مجموعے، ۳۲ افسانوی مجموعے، ۳ رپورتاژ،

خاکے، پیروڈی، ۱۱بچوں کے لئے کتابیں، ۳مرتب کردہ کتب اور چند مزاحیہ مضامین بھی شامل ہیں۔ فلمی دنیا سے وابستہ رہ کر کرشن چندر نے کئی فلمی کہانیاں، منظر نامے اور مکالمے بھی تحریر کیے ہیں۔ جن میں 'دھرتی کے لال'، 'دل کی آواز'، 'دو چور'، 'دو پھول'، 'من چلی'، 'شرافت اور ممتا" وغیرہ کافی مشہور ہیں۔ کرشن چندر کی عظمت اور مقبولیت کی وجوہا ت بے شمار ہیں لیکن انسان دوستی، دلکش طرزِ تحریر، نت نئے تجربے، موضوعاتی تنوع ،حب الوطنی، عالمی امن اور عوام الناس سے غیر مشروط محبت نے ان کو حیاتِ جاوداں عطا کی ہے۔ کرشن چندر نے دنیا بھر کے مظلوموں ، غریبوں، مسکینوں، مزدوروں، کسانوں، بھنگیوں، اور کچلے ہوئے عوام سے محبت کی ہے ان کے حق میں آواز بلند کی اور ان کو اپنے افسانوں کا محور و مرکز اور موضوع بنا کر پیش کیا۔ بقول شہزاد منظر "یہ کرشن چندر کی عوام دوستی تھی جس نے دنیا کے مظلوم عوام کی جدوجہدِ آزادی کے بارے میں ان سے افسانے لکھوائے خواہ یہ ویت نامی عوام ہوں یا اسپینی یا کوریائی انھوں نے ہر ملک کے عوام کے حق میں آواز بلند کی"۔ مختصر یہ کہ ہمیں اس طرح کے ادیبوں کو نہ صرف یاد کرنا چاہیے بلکہ اور تک بھی پہنچانا چاہئے۔

***

کرشن چندر کی کہانی

خواجہ احمد عباس

نرم مزاج، ملنسار، خوش اخلاق اور حاجت مندوں پر اپنی کمائی بے دریغ لٹانے والے افسانہ نگار کرشن چندر کی پیدائش ۲۳ نومبر ۱۹۱۴ کو پنجاب میں ہوئی۔ انسانوں سے لے کر گدھوں تک کی سرگزشت لکھنے والے کرشن چندر غالباً سب سے پہلے افسانہ نگار ہیں جن کی زندگی میں ہی ان پر کسی طالب علم نے پی ایچ ڈی کی ڈگری کے لیے تھیس لکھی۔ 'کالو بھنگی'، 'مہا لکشمی' اور 'ٹوٹے ہوئے تارے' جیسے شاہکار افسانے صفحہ قرطاس پر اتارنے والے کرشن کی خوبی یہ ہے کہ انھوں نے سعادت حسن منٹو اور راجندر سنگھ بیدی جیسے ہم عصر افسانہ نگاروں کے درمیان اپنی ایک ایسی شناخت بنائی جو اردو ادب میں کم ہی افسانہ نگاروں کے حصے میں آئی۔ ان کا انتقال ۸ مارچ ۱۹۷۷ کو ہوا تھا لیکن اس سے پہلے ہی یعنی اپریل ۱۹۶۷ میں مشہور رسالہ 'شاعر' نے کرشن چندر نمبر شائع کیا تھا جس میں ان کے ہم عصر اور معروف قلم کار خواجہ احمد عباس کا ایک دلچسپ مضمون 'کرشن چندر کی کہانی' کے عنوان سے شامل تھا۔ کرشن چندر کی یومِ پیدائش کے موقع پر ملاحظہ فرمائیں خواجہ احمد عباس کا وہ یادگار مضمون۔

جب میں اس سے نہیں ملا تھا تو مجھے اس کے نام ہی سے ہی اچھی خاصی چڑھ تھی۔ ایک تو اس لئے کہ اس کے نام کے ساتھ اس کی ڈگری کا دم چھلا لگا رہتا تھا۔ "کرشن چند

ایم۔اے"! ہنہ۔ یہ بھی کوئی بات ہوئی (میں دل ہی دل میں سوچتا) ارے بھائی تم ایم۔اے ہو تو ہم کیا کریں۔ کالی داس نے کبھی "وسیا النکار" ہونے کا دعویٰ نہیں کیا۔ شیکسپیر بے چارہ تو میٹرک بھی نہیں تھا۔ اگر کوئی کہے کہ ARMS AND THE MAN کا ڈرامہ "برناڈ شاہ، بی۔اے" نے لکھا ہے تو کیا سب ہنسیں گے نہیں؟۔ تو پھر کرشن چندر ایم۔اے کون بلا ہے؟۔ اور پھر دلّی کے پرانے ریڈیو اسٹیشن میں ایک دن اس "بلا" سے ملاقات ہوگئی اور ماننا پڑا کہ وہ ہے "خوبصورت بلا"۔ ویسے اس سے پہلے بھی میں نے کرشن چندر کی تصویر کسی رسالے میں چھپی ہوئی دیکھی تھی۔ بڑی بڑی چمکیلی آنکھیں ، اونچی پیشانی، کالے گھنے اور کچھ گھونگریالے بال، کوٹ، پتلون، ٹائی میں کافی اسمارٹ لگتا تھا۔ "تب ہی تو کالج کی چھوکریاں اس کے افسانے پڑھ پڑھ کر لٹّو ہو جاتی ہیں"۔ میں نے سوچا تھا اور مجھے اس سے جو چڑ تھی وہ اور گہری ہوگئی تھی۔ مگر میں نے یہ سوچ کر اپنے دل کو تسلی دے لی تھی کہ ضرور تصویر کو فوٹو گرافر سے RE-TOUCH کرایا گیا ہے۔ بھلا یہ کیسے ممکن ہے کہ کوئی اتنے اچھے رومانٹک افسانے بھی لکھتا ہو اور ساتھ میں اس کی صورت شکل بھی اتنی اچھی اور رومانٹک ہو!۔

اور جب میں اس سے ملا اور میں نے دیکھا کہ یہ کمبخت تو سچ مچ اتنا خوبصورت ہے تو مجھے اس سے اور بھی چڑ ہوگئی۔ اے خدا! یہ کہاں کا انصاف ہے کہ ایک آدمی کی اتنی اچھی صورت بھی ہو، اور اس کے قلم میں اتنا جادو بھی ہو کہ پڑھنے والے (اور پڑھنے والوں سے زیادہ پڑھنے والیاں) صرف اس کے افسانے پڑھ کر ہی اس پر عاشق ہو جائیں؟۔

ان دنوں دلّی کا ریڈیو اسٹیشن کشمیری دروازے کے باہر ایک چھوٹے سے بنگلے میں تھا۔ دوسری جنگ عظیم کا زمانہ تھا۔ دلّی اسٹیشن اچھا خاصہ ادبی مرکز بنا ہوا تھا۔ کرشن چندر، سعادت حسن منٹو، اُپندر ناتھ اشک، تینوں وہاں کام کرتے تھے، مجاز ریڈیو کے اردو

میگزین "آواز" کے ایڈیٹر تھے۔ فیض احمد فیض اور چراغ حسن حسرت دونوں شاعر فوجی وردی پہنے وہاں اکثر موجود رہتے تھے۔ مگر پہلی نظر ہی میں معلوم ہو گیا کہ اس ادبی حلقے کا مرکز یہ کمبخت "کرشن چندر، ایم۔ اے" ہی ہے۔ شربتی چمکیلی آنکھوں والا کرشن چندر، جو خوبصورت شکل سے اپنی رومانٹک کہانیوں کا ہیرو نظر آتا تھا، اس سے ہاتھ ملاتے ہوئے میں نے آنکھوں ہی آنکھوں میں اس کے اور اپنے قد کا اندازہ کیا اور یہ دیکھ کر کسی قدر اطمینان کا سانس لیا کہ وہ بھی میری طرح ٹھنگنا ہی ہے۔ مُطلبی فرید آبادی یا راہول سنکر تائن کی طرح لمبا چوڑا پہلوان نہیں ہے۔

اور اب کہ اس ملاقات کو انتیس برس ہو چکے ہیں اور کرشن چندر کے چمکیلے سیاہ بال اس کی چندیا سے غائب ہوتے جا رہے ہیں، اور جو رہے سہے بال ہیں وہ بھی سوکھے، سخت اور اجاڑ ہو گئے ہیں، اور عینک کے موٹے موٹے "کانچ کے ٹکڑوں" کے پیچھے اس کی آنکھیں باون برس تک دنیا کے اندھیرے اجالے کو دیکھ دیکھ کر اندر دھنس گئی ہیں، اور اس کے ہشاش بشاش چہرے پر سوچ، پریشانی، محنت اور دوڑ دھوپ نے گہری لکیریں ڈال دی ہیں۔ مجھے اب بھی اس سے ویسی ہی چڑ ہے، دل ہی دل میں اس سے اب بھی جلتا ہوں، کیوں؟۔ اس لئے کہ باون برس کی عمر میں اس کے قلم کا جادو آج بھی جوان ہے، آج بھی اس کی کہانیاں اور کتابیں پڑھ کر کالج کی لڑکیاں بن دیکھے اس پر عاشق ہو جاتی ہیں۔ صرف ہندوستان ہی میں نہیں دوسرے دیشوں میں بھی!

کئی برس ہوئے۔ میں اور سردار جعفری دونوں ماسکو میں تھے اور وہاں سے کرشن چندر کو خط پر خط اور تار پر تار بھیج رہے تھے کہ بھئی تو بھی کسی طرح یہاں پہنچ جا کہ ہماری مثلث پوری ہو جائے۔ ماسکو یونیورسٹی کے ایشیائی زبانوں کے ایک کالج نے ہمیں دعوت دی تھی کہ ہم اردو ادب کے بارے میں کچھ کہیں۔

سو، سوا سو نوجوان لڑکے اور لڑکیاں جو ہمیں سننے آئے وہ سب اردو یا ہندی پڑھ رہے تھے۔ جب میں اپنی تقریر ختم کر چکا تو انھوں نے سوال کرنے شروع کیے۔ سوال کرنے والیاں زیادہ تر لڑکیاں تھیں اور ان کے سوال زیادہ تر کرشن چندر کے بارے میں تھے۔ انھوں نے اس کی ساری کتابیں پڑھی ہوئی تھیں، اس کے ہر افسانے کے کردار انھیں زبانی یاد تھے، اور جس طرح وہ اس کا ذکر کر رہی تھیں، اس سے صاف ظاہر تھا کہ وہ ان کا چہیتا ہندوستانی ادیب ہے۔ وہ اس کے بارے میں سب کچھ جاننا چاہتی تھیں۔ اس کی نئی کتاب کونسی شائع ہوئی ہے؟ آج کل وہ کیا لکھ رہا ہے؟ کیا اس کی شادی ہو چکی ہے؟ اس کے کتنے بچے ہیں۔؟ ان سوالوں کے جواب دیتے دیتے میں جل ہی تو گیا۔

اور پھر ہم ماسکو کی ایک لائبریری میں گئے اور وہاں کی لائبریرین نے ہمیں بتایا کہ ہندوستان کے جن ادیبوں کی کتابیں روسی زبان میں ترجمہ ہو کر شائع ہوئی ہیں، ان میں کرشن چندر کی کتابیں سب سے زیادہ مقبول ہیں۔ ریڈنگ روم میں ایک نوجوان لڑکی (جو کسی کارخانے میں کام کرتی تھی) بیٹھی کرشن چندر کی ایک کتاب پڑھ رہی تھی۔ سردار جعفری نے پوچھا "کامریڈ: کیا تمھیں یہ مصنف پسند ہے؟" روسی لڑکی نے بڑے جوش سے جوب دیا۔ "بہت پسند ہے"! اور کئی اور لڑکے لڑکیوں نے اس کی ہاں میں ہاں ملائی۔ "بہت پسند ہے، بہت پسند ہے، وہ ہمارا محبوب ادیب ہے۔" اور سردار جعفری نے ان جوشیلی لڑکیوں کو چھیڑنے کے لئے کہا: "مجھے تو کرشن چندر کی کہانیاں کوئی خاص پسند نہیں۔ لکھتا اچھا ہے، مگر اس کا نقطۂ نظر سراسر رومانٹک ہے"۔

"تب ہی تو ہم اسے پسند کرتے ہیں" ایک لڑکے اور لڑکی نے ہم زبان ہو کر کہا۔

"مگر کیا اس کی رومانٹک کہانیوں میں سماج کی سچی تصویر مل سکتی ہے؟۔" جعفری نے بحث کو بڑھانے کے لئے کہا اور کرشن چندر کی کہانی "پھول سرخ ہیں" کا نام لیا۔ (یہ

کہانی ایک اندھے پھول بیچنے والے کے بارے میں ہے)۔ "میں تو سمجھتا ہوں اس کہانی میں ہندوستانی مزدور کی سچی تصویر نہیں ملتی۔"

اور ایک نوجوان مزدور نے جواب دیا۔ "اگر آپ کا مطلب ہے کہ ہندوستانی مزدور کا اوپری روپ اس میں نہیں جھلکتا تو میں مان سکتا ہوں شاید ایسا ہی ہو۔ مگر میری رائے میں اس کہانی میں ایک مزدور کی آتما، اس کی اندورونی زندگی کی سچی تصویر ملتی ہے"۔

اور یہ سن کر ایک لڑکی نے کرشن چندر کی ایک اور کہانی کا حوالہ دیا۔ "پورے چاند کی رات" یہ کرشن کی بہت خوبصورت مگر سو فی صدی رومانٹک کہانی ہے جس میں دور دور بھی سماجی اور طبقاتی کش مکش کا ذکر نہیں ہے۔ ہندوستان کے کئی کٹّر کٹھ ملّا ٹائپ کے "کامریڈوں" نے تو اس کہانی کو پڑھ کر کرشن چندر پر "رومانٹک بورژوا" ہونے کا فتویٰ دے دیا تھا۔ اس لئے ماسکو میں نوجوان کمیونسٹوں کی زبانی اس کہانی کی تعریف سن کر ہمیں اچنبھا ہوا۔

اور وہ لڑکی بولی "کتنی خوبصورت کہانی ہے یہ۔ اس کہانی میں مجھے ہندوستان کی ساری خوبصورتیاں سمٹی ہوئی دکھائی دیتی ہیں۔ نہ صرف کشمیر کی وادی کا قدرتی حسن بلکہ ہندوستانی عوام کے محبت بھرے دل کا اندرونی حسن۔ ایسی کہانی وہی لکھ سکتا ہے جو نہ صرف حسن سے بلکہ زندگی سے پیار کرتا ہے۔ اس کہانی سے پتہ چلتا ہے کہ کرشن چندر دراصل ایک شاعر ہے، اگرچہ وہ شعر نہیں کہتا۔"

کرشن چندر نے اپنا بچپن کشمیر میں گزارا ہے اور اس کی کہانیوں پر کشمیر کے حسن کی گہری شاعرانہ چھاپ ہے۔ اس نے کشمیر کے بارے میں کتنی ہی خوبصورت کہانیاں لکھی ہیں۔ یہی نہیں کہ کشمیر کی زندگی نے اس کو افسانوی مواد دیا ہے بلکہ ایسا لگتا ہے کہ اس کی اپنی شخصیت میں اور اس کے ادبی اسٹائل میں کشمیر کا قدرتی حسن ہمیشہ کے لیے گھل گیا

ہے۔ اس میں کوئی شک نہیں کہ کشمیر اور کشمیر کی یاد نے اس کی کتنی ہی کہانیوں کو انسپائر کیا ہے۔ مگر کشمیر کے حسن کے علاوہ جس چیز نے کرشن چندر کو افسانہ نگار بنا دیا وہ ایک بیماری تھی جس نے کئی مہینے تک اسے بستر پر لٹا کر ایک کمرے میں قید کر دیا۔ نہ اسکول جا سکتا تھا، نہ دوستوں کے ساتھ کھیل کود میں شریک ہو سکتا تھا۔ کتنے ہی دن تو اتنی طاقت بھی نہ تھی کہ کتاب پڑھ سکے۔ ایسی حالت میں اپنا 'رفیق تنہائی' وہ خود ہی تھا۔ پلنگ پر لیٹے لیٹے کمزوری سے آنکھیں بند کیے وہ گھنٹوں سوچتا رہتا، سوچتا رہتا۔ موت اور زندگی کے بارے میں، اپنے ماں باپ کے بارے میں، کشمیر کے قدرتی حسن کے بارے میں۔ وہ حسن جو اس کھڑکی کے باہر حد افق تک پھیلا ہوا تھا اور ان غریب کشمیریوں کے بارے میں جو گندے چیتھڑے پہنے بھاری بوجھ پیٹھ پر لادے پہاڑی راستوں پر چلتے نظر آتے تھے اور اس کے دل نے جو بیماری کے کارن اپنے دکھ اور درد سے بھرا ہوا تھا ساری دنیا کا دکھ اور درد اپنے اندر سمیٹ لیا۔

برسوں ہوئے میں ایک بار گلمرگ گیا اور وہاں ایک ہوٹل میں ٹھہرا تو اس کے منیجر نے بتایا کہ کرشن چندر نے اس ہوٹل کے ایک کمرے میں اپنا ناول 'شکست' مکمل کیا تھا۔ میں نے کہا، مجھے وہ کمرہ تو دکھاؤ، اس کمرہ میں دو کھڑکیاں تھیں۔ میں نے ایک کھڑکی کھولی تو سامنے ایک بالکنی تھی۔ اس بالکنی کی کہانی وہ لکھ چکا ہے، اور اس بالکنی میں سے گلمرگ کی سرسبز وادی اور کھلن مرگ کی برفیلی چوٹیوں کا حسین منظر دکھائی دیا۔ لیکن دوسری طرف کی کھڑکی کھولی تو دیکھا کہ ہوٹل کا پچھواڑہ ہے، جہاں کوڑا کباڑ پڑا ہے، گھورے کے ڈھیر ہیں، ان پر بھنبھناتی مکھیاں ہیں، ہوٹل کا 'کالو بھنگی' صاحب لوگوں کے کموڈ صاف کر رہا ہے، اور ہوٹل کے بیروں کی چھوٹی چھوٹی گندی اندھیری کوٹھریاں ہیں۔ اور میں نے محسوس کیا کہ یہ دو کھڑکیاں کرشن چندر کے کمرے ہی میں نہیں اس کے دل اور دماغ میں

بھی کھلی ہوئی ہیں۔ ایک کھڑکی میں سے وہ قدرت اور زندگی کا حسن دیکھتا ہے اور اس کا شاعرانہ تخیل جھوم اٹھتا ہے اور دوسری کھڑکی میں سے وہ انسان کی حالت دیکھتا ہے، جو چاروں طرف پھیلے ہوئے قدرتی حسن اور قدرت کی فیاضی کے باوجود غربت، لاچاری، گندگی اور بیماری کی زندگی بسر کرنے پر مجبور ہے۔ اور اس کا درد آشنا دل دکھ ہی سے نہیں، غصے سے بھر جاتا ہے۔ ان دونوں کھڑکیوں میں سے دکھائی دینے والے نظاروں کے تضاد نے کرشن چندر کی شخصیت، اس کے نظریے، اس کے اسٹائل اور اس کے آرٹ کی تشکیل کی ہے۔

کرشن چندر نے سینکڑوں کہانیاں لکھی ہیں۔ کشمیر کی سندر وادیوں سے لے کر بمبئ کی گندی چالوں اور 'مہا لکشمی کے پل' تک اس کی کہانیاں بکھری پڑی ہیں۔ اس نے 'اکسٹرا گرل' کی کہانی بھی لکھی ہے اور 'کالو بھنگی' کی بھی۔ بنگال کے قحط کی بھی اور 'پانچ روپے کی آزادی' کی بھی۔ اس 'غالیچہ' کی کہانی بھی جس پر جوانی نے شراب لنڈھائی ہے اور اس 'لال باغ' کی کہانی بھی جہاں انسان نے انسان کا خون گرایا۔ 'پشاور ایکسپریس' کی بھیانک کہانی بھی اور 'پورے چاند کی رات' کی مدھر پریم بھری کہانی بھی۔ یہاں تک کہ جب وہ دنیا کی ہر چیز کی کہانی لکھ چکا تو اس نے 'کہانی کی کہانی' بھی لکھ ڈالی۔ کرشن چندر کا دماغ ایک ایسی آٹومیٹک مشین ہے جس کی پکڑ میں آکر اس کا ہر تجربہ اور مشاہدہ، اس کی ہر دکھ اور ہر سکھ، اس کا ہر دوست اور دشمن کسی کہانی کے سانچے میں ڈھل جاتا ہے۔

ہاں تو کرشن چندر نے اتنی بہت سی کہانیاں لکھی ہیں مگر اس کی کہانی اب تک کسی نے نہیں لکھی۔ مگر کہا جا سکتا ہے کہ کرشن کی ہر کہانی ایک ڈھب سے خود اس کی اپنی کہانی ہوتی ہے۔ وہ اپنی ہر کہانی میں ایک نیا جنم لیتا ہے اور جب اپنے بنائے ہوئے کیرکٹر کو مارتا ہے تو ساتھ میں خود بھی مر جاتا ہے۔ پھر اگلی کہانی میں پیدا ہوتا ہے۔ نت نئی کہانیاں

لکھنا بھی تو آواگون کا ایک چکر ہے۔

کرشن چندر کی کہانی کسی نے نہیں لکھی۔ خود اس نے بھی ابھی نہیں لکھی۔ (لیکن 'یادوں کے چنار' میں اس نے اپنے بچپن کی جو جھلکیاں دکھائی ہیں، ان سے اندازہ کیا جا سکتا ہے کہ جس دن اس نے اپنی سوانح عمری قلمبند کرنے کا فیصلہ کیا وہ اس کی زندگی کا سب سے بڑا شاہکار ہوگا) مگر جو کوئی کرشن چندر سے ملا ہے اس نے یہ کہانی 'پڑھی' نہیں تو 'دیکھی' ضرور ہے۔ یہ کہانی قدرت اور وقت نے کرشن کے چہرے پر ہر برس کے ساتھ گہری ہوتی ہوئی لکیروں میں لکھ دی ہے اور میرا اپنا خیال ہے کہ یہ کہانی کرشن چندر کے قلم سے لکھی ہوئی سب کہانیوں سے زیادہ دلچسپ، رومانی اور ڈرامے سے بھری ہوئی ہے۔

کرشن چندر کی عمر ابھی کوئی باون برس کے لگ بھگ ہے۔ (وہ مجھے ضرور گالی دے گا کہ میں نے یہ بھانڈا کیوں پھوڑ دیا) اپنی زندگی میں اس نے کوئی چالیس کتابیں لکھی ہیں۔ شاید پانچ سو کہانیاں لکھی ہوں گی۔ (اُس کے بہت سے دوستوں کو شکایت ہے کہ کرشن بہت لکھتا ہے۔ میں بھی یہ سمجھتا ہوں کہ وہ بہت لکھتا ہے۔ مگر میں ان اقتصادی مجبوریوں سے واقف ہوں، جن کی وجہ سے کرشن کو اپنا اور اپنے گھر والوں کا پیٹ بھرنے کے لیے اتنا بہت لکھنا پڑتا ہے) وہ نہ صرف ہندوستان میں بلکہ پاکستان میں بھی از حد مقبول ہے۔ اس کے اردو ہندی ناولوں کے کتنے ہی ایڈیشن چھپتے رہتے ہیں۔ اس کے نام کئی فلم اسٹاروں سے زیادہ 'فین میل' آتی ہے۔

سوویت یونین میں وہ نہ صرف مقبول ترین ہندوستانی مصنف مانا جاتا ہے بلکہ اس کے ادب کے بارے میں پی ایچ ڈی کی ڈگری کے لیے تھیسس لکھا جا چکا ہے۔ ہندوستان اور پاکستان کا کوئی اردو یا ہندی کا پرچہ ایسا نہیں جو کرشن چندر کی کہانی چھاپنا اپنی خوش

قسمتی نہ سمجھتا ہو۔ مگر کرشن چندر ابھی تک 'عظیم فنکار' نہیں بنا۔ اسے اپنے بڑے پن کا احساس بالکل نہیں ہے۔ اسے اپنی کہانیوں سے اتنی ہی محبت ہے جتنی اپنے بچوں سے۔ مگر نہ وہ اپنے بچوں کے لاڈ کرتا ہے نہ اپنی کہانیوں کے۔ خود کرشن کی زبان سے اس کی کہانیوں کی تعریف میں آپ کبھی ایک لفظ نہ سنیں گے۔ وہ ابھی تک اپنی تخلیقوں سے پورے طور سے مطمئن نہیں ہے۔ شاید اسی لیے اس کی تحریر میں ٹھہراؤ نہیں پیدا ہوا۔ اور اس کا آرٹ ابھی تک پروان چڑھ رہا ہے۔

کرشن چندر بالکل معمولی آدمی ہے۔ ہمارے آپ ایسا انسان۔ جس نے اپنی زندگی میں بہت سے پاپڑ بیلے ہیں۔ جرنلسٹ رہا ہے، ایڈیٹری کی ہے۔ کالج کے لڑکوں کو پڑھایا ہے، ریڈیو کی نوکری کی ہے، فلم کے ڈائیلاگ لکھے ہیں، فلم ڈائریکٹ اور پروڈیوس کیا ہے۔ فلم کمپنی کا دیوالہ نکالا ہے۔ دوسرے پروڈیوسروں کے لیے 'ہِٹ' سِلور جوبلی تصویریں لکھی ہیں۔ بیکاری اور غریبی کے مزے چکھے ہیں۔ پریم بھی کیا ہے (یہ کہنا زیادہ صحیح ہوگا کہ پریم بھی کیے ہیں)۔ شادی بھی، دل لگایا بھی ہے توڑا بھی ہے، جوڑا بھی ہے۔ انقلابیوں کا ساتھ بھی دیا ہے اور شاعروں کی محفل میں بھی وقت گنوایا ہے۔ وقت پڑنے پر کانگریسیوں کا ساتھ بھی دیا ہے، سوشلسٹوں کا بھی، کمیونسٹوں کا بھی۔ وہ ہر ترقی پسند اور انقلابی پارٹی کے ساتھ ہے۔ مگر کسی پارٹی میں نہیں ہے۔ وہ دھرم، مذہب، ذات پات کے بندھنوں سے آزاد ہے۔ سامراج اور فرقہ پرستی کا دشمن ہے، عوام اور اشتراکیت کا ساتھی ہے۔ وہ یہ سب کچھ ہے۔ اسی لیے میرا دوست ہے۔ ایسا دوست جسے سچ مچ ہم دم کہا جا سکتا ہے۔ ورنہ 'دوست' تو بازار میں ٹکے سیر ملتے ہیں۔

میرے اس دوست نے لاکھوں روپے کمائے ہیں۔ اس سے زیادہ خرچ کیے ہیں۔ وہ

ہمیشہ قرض کے جال میں جکڑا رہتا ہے۔ پھر بھی ہر ترقی پسند یا ادبی پرچے کے لیے مفت کہانی لکھنے کو تیار رہتا ہے۔ اس کی ناک کی ہڈی بڑھی ہوئی ہے اور اسے ہمیشہ زکام رہتا ہے۔ ایک بار شدید دردِ گردہ بھی ہو چکا ہے۔ اس کے ارد گرد دو قسم کے آدمیوں کی بھیڑ لگی رہتی ہے، وہ جن سے وہ روپے قرض لیتا رہتا ہے اور وہ جنھیں وہ قرض دیتا رہتا ہے۔ اگر آپ کی جیب خالی ہے تو آپ کرشن چندر سے ضرور ملیے۔ ممکن ہے کہ آپ کے مانگے بغیر وہ آپ کو روپے دے دے۔ لیکن آپ کی جیب بھری ہوئی ہے تو اس سے دور رہیے۔ ممکن ہے کہ آپ سے پوچھے بنا وہ آپ کی جیب خالی کر دے۔ وہ ہمیشہ سفید قمیص اور اونی پتلون پہنے نظر آتا ہے۔ سوٹ اس کے پاس شاید ایک ہی ہے اور جب وہ یہ سوٹ پہنتا ہے تو اس میں جکڑا ہوا نظر آتا ہے اور موقع ملتے ہی اسے اتار پھینک دیتا ہے۔ اس کی جیب میں کبھی ڈیڑھ دو روپے سے زیادہ نہیں ہوتا۔ لیکن اگر ہوتا ہے تو وہ فوراً ٹیکسی لے کر گھومنا شروع کر دیتا ہے اور اپنے دوستوں کے گھر جا کر ان کو روپیہ دے آتا ہے۔ یہاں تک کہ شام تک پھر بس میں چلنے کی نوبت آجاتی ہے۔

یہ اور بات ہے کہ گھر میں کھانے کو نہ ہو، مگر کہانی لکھنے کے لیے اسے سب سے بڑھیا کاغذ کا رائٹنگ پیڈ چاہیے۔ گھٹیا کاغذ پر اس کا قلم چلتا ہی نہیں۔ جیسے نیلے چکنے موٹے کاغذ پر نوجوان عاشق اپنی محبوبہ کو پریم پتر لکھتے ہیں ویسا کاغذ وہ کہانی لکھنے کے لیے استعمال کرتا ہے۔ دراصل اس کی ہر کہانی ایک پریم پتر ہوتی ہے جو کرشن اپنے پڑھنے والوں کے نام لکھتا ہے۔

وہ ٹائم ٹیبل سے کبھی کام نہیں کرتا۔ لکھنے پر آئے تو ایک دن بلکہ ایک بیٹھک میں پوری کہانی لکھ ڈالے۔ نہیں تو دو مہینے تک ایک لفظ نہ لکھے۔ باتیں جتنی چاہے کرا لیجیے

اور دنیا کے ہر موضوع پر، پالیٹکس، لٹریچر، فلم، ڈرامہ، رومانس، اسکینڈل یا ٹھیٹھ گھریلو گپ شپ!

وہ 'بڑا آدمی' ہوتا تو میں اس سے کوسوں دور رہتا۔ مگر دراصل کرشن چندر میں کوئی خاص بات نہیں ہے۔ بس معمولی سیدھا سادا آدمی ہے۔ ہم آپ جیسا۔ ہاں، ایک بات ضرور ہے، کمبخت کے قلم میں بڑا جادو ہے اور اسی لیے مجھے اس کے نام ہی سے چڑ ہے اور میں اس سے جلتا ہوں۔ بس یہی اس کی۔۔۔ اور میری۔۔۔ کہانی ہے۔

***

کرشن چندر کا معرکتہ الآرا طنزیہ ناول

ایک گدھے کی سرگزشت

مصنف: کرشن چندر

بین الاقوامی ایڈیشن منظر عام پر آچکا ہے